TAX ME IF YOU CAN

COMMENT ECONOMISER BEAUCOUP D'IMPÔTS EN TOUTE LEGALITE

MICHEL MAUS

Traduction : Phibel Verbruggen

Edition originale : Tax me if you can
© 2014, Borgerhoff & Lamberigts nv
Gand, Belgique
info@borgerhoff-lamberigts.be
www.borgerhoff-lamberigts.be
ISBN 978-90-89314-35-2
D/11.089/100856

Dépôt légal : D/2016/6601/286
ISBN : 2-87435-188-1
EAN : 9782874351884

Bruxelles, mars 2016

Corporate Copyright s.a.
rue Jourdan 148 • 1060 Bruxelles •
Tél. 02 537 26 16 • Fax 02 537 36 16
info@corporate.be • www.corporate.be

TABLE DES MATIÈRES

INTRODUCTION

Belgique, pays d'apartheid fiscal

Le Belge et ses impôts... Un mariage de raison qui ne se transformera sans doute jamais en mariage d'amour.

Un phénomène assez étrange en soi. Chacun devrait pourtant se rendre compte qu'il vit dans un État-providence qui lui permet de profiter d'une foule de services publics. La sécurité sociale et l'éducation, pour le moins démocratiques dans notre pays, soutiennent la comparaison internationale. En réalité, nous devrions être heureux de payer des impôts, compte tenu de ce que nous obtenons tous en retour de nos pouvoirs publics. Il n'en demeure pas moins que toute cette popote a un coût – plutôt élevé, du reste – et si nous voulons que cette soupe reste chaude, il faut attiser le feu avec toujours plus de recettes fiscales.

La charge fiscale globale en Belgique ne cesse par ailleurs de s'accroître. Aujourd'hui, elle représente 45,3 % du produit intérieur brut (PIB), soit la somme totale de ce que nous produisons en biens et services. La Belgique s'est ainsi hissée à la deuxième place des pays de l'OCDE les plus taxés, devancée par le Danemark qui affiche une pression fiscale de 48 % de son PIB. Or, en moyenne, la charge fiscale au sein des pays de l'OCDE se situe à peine à 34,6 % du PIB.

Mais, de nouveau : la pression fiscale forte entraîne aussi un retour social sur investissement relativement élevé. En 1904 déjà, le juriste américain Oliver Wendell Holmes, membre de la Cour suprême des États-Unis, énonçait un adage qui allait faire florès : «*taxes are the price we pay for a civilized society* [1]». Depuis lors, forte de cette sentence qui voudrait que la charge fiscale croisse à mesure qu'augmente le degré de civilisation, la classe politique défend bec et ongles toute hausse d'impôt.

Mais alors, ne devrions-nous pas être contents de payer tant d'impôts ? D'aucuns parmi nous raisonnent de la sorte. C'est le cas de l'écrivain Dimitri Verhulst, dont le Volkskrant du 10 octobre 2011 publiait cette phrase étonnante : «Je n'ai jamais été aussi heureux que le jour où j'ai pu payer 114.000 € d'impôts. Preuve que je ne manque de rien.»

À vrai dire, la plupart de nos concitoyens n'ont pas la fibre sociale aussi développée et considèrent même l'impôt comme une attaque directe sur leurs biens et revenus personnels. Ont-ils raison de penser ainsi ? J'ai bien peur que oui, dans une certaine

---

1 *ndt : «Les impôts sont le prix à payer pour une société civilisée»*

mesure. L'acceptation sociale de la fiscalité est étroitement liée à la façon dont les pouvoirs publics gèrent les impôts. Nicolas Machiavel et Adam Smith pressentaient déjà, respectivement au 16e et au 18e siècle, que la légitimité d'un État est dans une large mesure déterminée par la façon dont il traite la question fiscale. De fait, si un gouvernement ne respecte pas les principes sacrés de la fiscalité que sont la clarté, l'égalité, la capacité contributive et la redistribution, il encourt le risque de perdre la confiance publique.

Et c'est précisément le problème en Belgique. Tout d'abord, les contribuables ont le sentiment que leurs impôts ne sont pas utilisés à bon escient et cette idée a la vie dure, encore aujourd'hui. En réalité, la pression fiscale pourrait baisser considérablement si les pouvoirs publics consentaient des économies structurelles, en abolissant par exemple les provinces et le Sénat. Peut-être seraient-ils, à cet égard, bien inspirés de se référer à une autre citation d'Oliver Wendell Holmes : «*State interference is an evil, where it cannot be shown to be a good*[2]».

En outre, il ne faut pas perdre de vue que l'estimation de la charge fiscale globale à 45,3 % du PIB belge représente une moyenne. Cela signifie donc que de nombreuses personnes et entreprises portent en réalité un fardeau fiscal encore plus lourd. En revanche, de nombreuses personnes et entreprises parviennent aussi à diminuer leur taux d'imposition de façon drastique.

Nous touchons ici à l'un des principaux problèmes de notre système fiscal, à savoir la fiscalité de lobby. Sous la pression

---

2 *ndt : «L'intervention de l'État est un mal là où elle ne peut être montrée comme un bien»*

d'une multitude de lobbies, les gouvernements de ces dernières décennies ont fait toutes sortes de cadeaux fiscaux qui, pour ceux qui peuvent en profiter, font une différence substantielle sur le plan fiscal.

Quelques exemples valent mieux qu'un long discours.

Les taux élevés de l'impôt sur le revenu des personnes physiques ne concernent en définitive que les revenus du travail et les bénéfices des entreprises. Ces revenus sont taxés progressivement par surcroît. En d'autres termes, le taux de prélèvement augmente à mesure que les revenus grimpent. Ce taux varie donc entre 25 % et 50 % pour les revenus au-delà de 35.000 €. Si l'on tient compte des cotisations sociales, la charge fiscale et parafiscale sur les revenus du travail peut même grimper à 60 %. Cette réalité est une traduction fiscale de l'adage bien connu selon lequel «les charges les plus lourdes doivent être supportées par les épaules les plus larges». Un but louable et cohérent de prime abord, qui le serait aussi dans les faits s'il se rapportait à l'ensemble des impôts sur le revenu. Or, ce n'est pas le cas. Le capital et les revenus qui en découlent ne sont pas taxés, sinon très faiblement par rapport aux revenus du travail. Cet état de fait diminue sérieusement la pression fiscale individuelle.

En ce qui concerne l'impôt des sociétés, les choses ne vont guère mieux. Ici aussi, la répartition inégale de la charge fiscale est manifeste. Le magazine Trends publiait un article le 8 décembre 2011, dont il ressortait que les PME versent en moyenne un impôt de l'ordre de 21 %, les grandes entreprises de tout juste 11,1 % et les multinationales de 5 % à peine. Cette analyse démontre que les grandes sociétés, bien plus que les petites entreprises, ont la possibilité de recourir à une série d'abattements fiscaux, y compris la déduction des intérêts notionnels, afin de réduire leur charge fiscale.

La répartition inégale de la charge fiscale ne se manifeste d'ailleurs pas seulement au niveau de l'impôt sur les revenus. Elle affecte aussi d'autres taxes. Prenez l'exemple des droits de succession où, là encore, les différences de pression fiscale sont flagrantes.

En Région flamande, les actions d'une entreprise familiale reçues par voie d'héritage sont assujetties au taux réduit de 3 % ou 7 % de droits de succession. Ainsi, le neveu d'un directeur d'entreprise pourra hériter des actions familiales de la PME de son oncle en payant 7 % de droits de succession, quelle que soit la valeur des actions en question.

Quant au neveu de l'un des employés de cette même PME, qui hériterait de la maison mitoyenne de son oncle, il devrait s'acquitter de 45 % de droits de succession sur la première tranche de 75.000 €, de 55 % sur la deuxième tranche allant jusqu'à 125.000 € et de 65 % sur la troisième tranche au-delà de 125.000 €. Au final, pour une maisonnette deux façades d'une valeur de 250.000 €, le neveu de l'employé devra payer 141.000 € en droits de succession. Pour le même montant d'impôt successoral, le neveu du chef d'entreprise pourra se retrouver à la tête de 2.000.000 d'€ en actions…

C'est pourquoi nous pouvons affirmer que la Belgique est réellement devenue un pays d'apartheid fiscal, où certains prospèrent dans une enclave protégée, tandis que d'autres vivotent dans des bidonvilles fiscaux. Toute personne dotée d'un peu de bon sens fiscal comprend que la charge fiscale doit être répartie équitablement pour être acceptable. Le lecteur aura compris que nous n'évoluons pas dans un tel contexte.

Depuis de nombreuses années, je tente de convaincre mes interlocuteurs de la gravité de la situation, mais je prêche dans le désert. Aussi, le message est clair : si les pouvoirs publics n'entendent pas instaurer un système de taxation équitable et continuent à faire primer l'intérêt personnel de lobbies sur l'intérêt fiscal général, chacun devra en tirer ses conclusions.

À moins d'être un sadomasochiste fiscal, vous faites donc bien de chercher la «voie la moins imposée», comme les fiscalistes le disent si bien. Ce faisant, vous n'avez pas de quoi vous sentir honteux ou mal à l'aise vis-à-vis de vos concitoyens. Des enquêtes récentes menées par les médias ont dévoilé que même les syndicats ne s'émeuvent guère quand il s'agit de comprimer leurs charges fiscales par tous les moyens. Et l'État ? Ne permet-il pas lui-même que des banques publiques sous son contrôle poursuivent leurs activités dans des paradis fiscaux ? Dès lors, pourquoi ne vous sentiriez-vous pas autorisé à participer au grand jeu de l'évitement fiscal ?

À l'heure actuelle, l'éthique fiscale n'est pas déterminée par ce qui devrait être juste sur le plan fiscal, mais par ce qui n'est pas interdit. Toutes les constructions fiscales admises par la loi sont donc réputées fiscalement éthiques. Que ces montages conduisent à des distorsions disproportionnées de la pression fiscale générale n'est un souci pour personne, encore moins pour nos pouvoirs publics. Vous n'avez donc guère le choix. Si vous ne participez pas au processus d'évitement fiscal, vous ou vos héritiers paierez des impôts au prix fort. À vous de voir si vous souhaitez poursuivre sur cette voie.

Par ce livre, je souhaite vous aider à vous frayer un chemin dans la jungle de la fiscalité belge. Cet ouvrage regorge d'astuces qui vous permettront non seulement d'optimiser vos revenus, vos biens et votre pension, mais aussi de veiller – en toute légalité – à ce que votre descendance ne paie qu'un minimum de droits de succession sur votre héritage. L'accent est mis sur la fiscalité des personnes privées. Les solutions proposées sont parfois triviales, parfois plus complexes. Quoi qu'il en soit, cela ne doit pas vous effrayer. Un fiscaliste affable vous aidera très certainement à élaborer vos plans fiscaux. Bonne lecture.

1.

PAYER MOINS D'IMPÔTS EN TOUTE LÉGALITÉ : PETITE REVUE DES RÈGLES DU JEU FISCAL

Avant de développer un certain nombre de conseils en matière de fiscalité, il me paraît important d'attirer votre attention sur quelques règles du jeu. À l'instar du football, le terrain fiscal est soumis à une série de règles que vous devez suivre, sans quoi le fisc risque de vous coller un carton rouge. Prenez-y garde, car avant même que vous ne le sachiez, vous pourriez passer de l'optimisation fiscale à la fraude fiscale. Faites donc preuve de circonspection avant d'entrer dans le vif du sujet, car les récits de cowboys fiscaux sont légion parmi les couches populaires les plus naïves. À cet égard, le bon sens est bon conseiller. Si c'est trop beau pour être vrai, il y a fort à parier que ce ne le soit pas. Le message est alors clair : ne tentez pas l'expérience chez vous.

Règle n° 1 L'optimisation fiscale légale est un droit

La règle de base en matière d'impôt veut que chacun soit libre de ses faits et gestes fiscaux, selon son bon vouloir. En d'autres mots, il n'est pas interdit de rechercher la voie la moins imposée. Que du contraire.

Un exemple simple pour éclaircir ce concept : l'impôt sur le revenu des personnes physiques prévoit une taxe sur la plus-value réalisée sur des terrains privés. Toutefois, cette plus-value n'est taxée que si le terrain est vendu dans les huit ans qui suivent l'achat. En tant que propriétaire foncier, rien ne vous empêche de conclure avec un acheteur potentiel une convention de préemption qui ne prendra ses effets qu'une fois cette période de huit ans écoulée. Vous ne paierez alors aucune taxe sur la plus-value et vous échapperez sans problème à cette imposition. L'optimisation fiscale peut donc être aussi simple que cela. Le fondement juridique pour l'optimisation fiscale remonte à un arrêt de la Cour de cassation du 6 juin 1961, mieux connu dans les milieux fiscaux sous le nom d'«arrêt Brepols». Par ce texte, notre Cour suprême reconnaît expressément la liberté fiscale, mais la nuance fortement dans le même mouvement.

Règle n° 2 Accepter les conséquences juridiques de votre optimisation fiscale

Nous touchons ici à la deuxième règle qui sous-tend notre propos. La Cour de cassation a entériné le fait que chacun puisse user de sa liberté contractuelle afin de bénéficier d'un régime fiscal plus favorable, à condition de ne transgresser aucune règle légale et d'accepter toutes les conséquences juridiques du montage ainsi créé.

Dans un célèbre arrêt rendu par la Cour de cassation en 1999, le fisc s'est ainsi vu accorder le droit de refuser la déduction du prix d'acquisition qu'avait payé un pharmacien pour la reprise d'une pharmacie. Le pharmacien avait en effet payé un prix d'achat plus élevé que celui fixé par la loi pour l'acquisition d'une pharmacie. Aux yeux du fisc, la violation de cette règle de droit était suffisante pour établir que le pharmacien en question avait évité l'imposition à tort en comptabilisant des amortissements supérieurs au montant autorisé par la loi.

Force est donc de noter que l'optimisation fiscale n'est admise que dans la mesure où l'on accepte tous les effets juridiques du montage fiscal mis en place. Autrement dit, le montage ne peut être ni simulé ni feint.

Ainsi, le tribunal de première instance de Bruges déclarait dans un arrêt du 19 avril 2005 qu'un contribuable avait parfaitement le droit, pour des raisons fiscales, d'héberger son activité dans une société, à condition qu'il respecte toutes les obligations légales en matière de droit des sociétés, en tenant par exemple une assemblée générale annuelle et les comptes annuels de l'entreprise, qu'il dépose auprès de la Banque nationale. Tout manquement à cette règle sous-entend qu'il n'accepte pas tous les effets civils de son montage fiscal, ce qui permet au fisc d'invoquer la simulation. Dans ce cas, le fisc peut rejeter le montage fiscal et taxer les bénéfices de la société non pas aux taux de l'impôt des sociétés, mais à ceux – bien plus élevés – de l'impôt sur le revenu des personnes physiques.

Dans un autre arrêt du 11 octobre 2011, la Cour d'appel de Gand a confirmé que la simple inscription distincte aux registres de la population ne suffit pas à prouver la séparation de fait entre époux, laquelle est une condition pour pouvoir être imposé séparément et déduire les pensions alimentaires versées. Dans ce cas précis, le juge a établi qu'il s'agissait d'une séparation de fait artificielle et organisée et, partant, d'une simulation, de sorte que le fisc était en droit de refuser la déduction des pensions alimentaires versées.

❂ Règle n° 3
Ne pas se livrer à des pratiques fiscales abusives

Le respect de toutes les dispositions légales et l'acceptation de toutes les conséquences juridiques d'un montage fiscal ne garantissent pas pour autant l'octroi sans réserve d'un sauf-conduit fiscal. Et c'est là que nous en arrivons à la troisième règle dans la quête de la voie la moins imposée. En 2012, le gouvernement Di Rupo a introduit une «règle anti-abus fiscal» dans la législation. Cette disposition permet au fisc de s'opposer à un montage fiscal lorsqu'il y a «abus fiscal». En résumé, c'est le cas si vous réclamez un avantage fiscal en contradiction avec les objectifs poursuivis par une disposition fiscale. En cas d'abus fiscal, le fisc peut tout de même lever des impôts comme si le montage n'avait pas eu lieu. Si une telle situation n'est pas sans issue, vous devrez pouvoir démontrer que le choix du montage a été motivé par des raisons autres que l'évitement de l'impôt sur le revenu. Cela peut paraître assez complexe, mais l'exemple simple de la clause de la maison mortuaire aidera à clarifier le fonctionnement de cette règle anti-abus.

Si, dans un mariage, un des conjoints venait à décéder, le conjoint survivant recevrait – sur la base du droit successoral – la moitié des biens de la communauté et l'usufruit de l'autre moitié qui reviendrait, quant à elle, en nue-propriété aux enfants. Les époux peuvent toutefois déroger à cette règle dans leur contrat de mariage. Ils peuvent par exemple décider que l'ensemble des biens de la communauté reviendra au conjoint survivant, en cas de décès de l'un des deux. Si, en vertu d'une telle clause, un conjoint reçoit plus de la moitié des biens de la communauté, le conjoint survivant devra s'acquitter de droits de succession sur cette partie. La clause de la maison mortuaire a justement pour but d'échapper à ces droits de succession. En faisant inscrire une telle clause dans leur contrat de mariage, les époux indiquent que les biens de la communauté sont transférés dans leur totalité à l'un des conjoints, en cas de dissolution du mariage et quelle qu'en soit la raison. Il peut s'agir d'un décès comme d'un divorce. Étant donné que cette clause n'est pas liée spécifiquement au décès de l'un des conjoints, aucun droit de succession n'est dû en cas de décès de l'un des deux et le survivant hérite de la totalité des biens de la communauté. Cette technique s'applique exclusivement en cas de soins palliatifs, une circonstance qui pousse les époux à faire modifier leur contrat de mariage chez le notaire, afin que le conjoint survivant ne se voie pas infliger des droits de succession plus tard.

Le fisc n'approuve pas cette technique et estime même qu'elle suppose un abus fiscal. Il argue que l'adaptation d'un contrat de mariage du fait que l'un des conjoints se trouve en phase terminale procure un avantage qui va à l'encontre de l'esprit de la loi fiscale. Par conséquent, le fisc tentera malgré tout d'imposer des droits de succession sur la concession des biens de la communauté. Cependant, il ne peut passer aux actes que s'il démontre que ce montage a été motivé par des raisons fiscales uniquement. De son côté, le conjoint survivant peut très bien prouver que ce n'est pas le cas. Il me semble en effet assez simple de justifier cette technique de planification en invoquant des raisons familiales sans rapport avec les impôts. Il suffit d'attirer l'attention des autorités fiscales sur le fait que le couple a choisi d'assurer une vie confortable au conjoint survivant, sans que leurs enfants puissent déjà revendiquer une part de l'héritage. Fin de l'histoire.

Il n'en demeure pas moins que l'application de la règle anti-abus n'est pas toujours si évidente. Aussi les autorités fiscales ont-elles décidé d'émettre plusieurs circulaires précisant les montages qui, selon elles, sont douteux et ceux qui ne posent aucun problème. La plupart de ces montages sont traités plus avant dans ce livre. Les opérations suivantes ne sont en principe pas considérées comme des abus fiscaux :

- les dispositions testamentaires
- la donation de la main à la main ou par virement bancaire
- la donation actée devant un notaire étranger
- la donation progressive de biens immobiliers à intervalle de trois ans
- la donation avec charge
- la donation sous condition résolutoire
- la donation des grands-parents à leur(s) enfant(s) et/ou petit(s)-enfant(s)
- la donation avec réserve d'usufruit en viager
- toute donation bénéficiant d'une exemption dans le Code des droits d'enregistrement
- les clauses de tontine et d'accroissement

À l'inverse, les opérations juridiques suivantes sont qualifiées d'abus fiscaux par le fisc.

- Les clauses d'attribution unilatérale ou clauses de partage inégal de la communauté matrimoniale, à savoir la «clause de la maison mortuaire». Le cas échéant, des droits de succession sont perçus sur la part qui excède la moitié des biens de la communauté.
- La sortie de biens mobiliers de la communauté matrimoniale, suivie d'une donation réciproque entre époux. Dans ce cas,

des droits de succession sont prélevés sur l'avantage perçu par le conjoint survivant, en vertu de cette sortie.

- Les constructions basées sur le droit d'emphytéose, soit l'achat séparé d'un bien immobilier par des sociétés liées. Le droit de vente (10 % en général) est prélevé sur la valeur de l'ensemble du bien immobilier, diminué de la taxe d'enregistrement déjà versée lors de l'établissement du droit d'emphytéose.
- L'apport d'un bien immobilier privé dans la communauté matrimoniale, suivi d'une donation de ce bien par les deux époux. La taxe d'enregistrement est alors perçue comme si l'apport n'avait pas eu lieu.
- La renonciation au droit d'usufruit légal sur un bien immobilier, suivie d'une donation en pleine propriété de l'autre moitié. La taxe d'enregistrement est prélevée sur le montant de la valeur de l'usufruit à la suite de la renonciation.

Considérez ces listes avec précaution. Le fait que certaines opérations impliquent un abus fiscal selon le fisc ne signifie pas qu'elles sont par définition réellement problématiques et qu'elles ne pourraient donc avoir cours. Comme nous l'avons déjà vu dans l'exemple de la clause de la maison mortuaire, il suffit d'avancer un motif non fiscal qui puisse justifier votre montage.

Pour couper à toute discussion avec le fisc au sujet de la règle anti-abus et avant de mettre en place votre montage fiscal, vous pouvez demander au service de ruling de l'administration fiscale de rendre une décision préalable. Si votre montage reçoit un avis positif, votre contrôleur local ne sera plus en mesure de vous mettre des bâtons dans les roues et n'aura pas d'autre choix que d'approuver votre montage fiscal.

2.

L'ÉVITEMENT DE L'IMPÔT POUR LES NULS : QUELQUES CONSEILS DE BASE

Astuce n° 1
Créez un lobby et imposez un régime fiscal préférentiel

Dans l'introduction, j'ai déjà attiré votre attention sur le fait que notre fiscalité a dégénéré, au cours de ces dernières décennies, en un monstre fait de coteries fiscales dotées d'une multitude de régimes d'exception conçus pour s'écarter des règles générales en matière de fiscalité. Il est juste de dire que la Belgique est à nouveau une championne dans ce domaine. Chaque année dans notre pays, des impôts sont perçus à hauteur de 100 milliards d'euros. Par ailleurs, le coût des régimes fiscaux préférentiels s'élève à 59 milliards d'euros. Cette situation est principalement due à ce que nous pouvons appeler sans hésiter la «fiscalité de lobby à la belge». Différents groupes de pression réussissent encore et toujours à convaincre le gouvernement que la charge fiscale qui pèse sur eux est bien trop lourde et qu'un régime fiscal préférentiel est dès lors justifié. Et l'extraordinaire facilité avec laquelle ces lobbies parviennent à leurs fins est remarquable.

Un bel exemple du mode de fonctionnement des lobbies fiscaux : le débat sur la hausse du précompte mobilier, qui a eu lieu fin 2012. Dans un souci d'ordre budgétaire, le gouvernement Di Rupo avait décidé de relever le précompte mobilier de 15 % à 25 %. Selon le ministre des Finances de l'époque, Steven Vanackere, cette augmentation toucherait tous les revenus soumis au précompte mobilier, à savoir les intérêts, les dividendes et les droits d'auteur. À peine le ministre avait-il prononcé ces mots qu'il suscitait une levée de boucliers du secteur culturel, qui exigeait l'annulation de cette mesure. Deux jours plus tard, le ministre Vanackere annonçait que le précompte mobilier sur les droits d'auteur serait maintenu à 15 %. Une excellente nouvelle pour nos auteurs, moins pour Monsieur et Madame Tout-le-Monde qui, depuis lors, voient leurs intérêts et dividendes taxés à 25 %.

Notre système fiscal nous offre ainsi une flopée d'exemples éclatants du même tonneau. Les intérêts sur le bon d'État Leterme et sur le prêt-citoyen, les dividendes sur les actions Geens, le salaire de travailleurs occasionnels dans l'Horeca, les volontaires chez les pompiers, les athlètes, les chercheurs scientifiques, les bourgmestres et échevins et leurs frais professionnels forfaitaires… Autant d'exemples d'acquis fiscaux obtenus sous la pression des lobbies.

L'impôt des sociétés ne fait pas exception, puisque l'influence des lobbyistes fiscaux y est également très perceptible. Pensez par exemple au régime du tax shelter, qui permet une déduction de 150 % sur des investissements; au régime de déduction pour revenus de brevets, qui a été conçu sur mesure pour l'industrie pharmaceutique et permet une exonération fiscale de 80 % sur les revenus générés par des brevets; ou encore à la déduction d'intérêts notionnels qui, en l'absence de conditions d'investissement, par exemple, offre de formidables opportunités aux multinationales.

Quel que soit le cas de figure, le message est assez clair : votre réussite fiscale dépend de votre capacité à mettre sur pied un lobby. Quiconque ne jouit pas d'une telle opportunité se retrouve désarmé face à l'impôt, à la traîne et, au final, en fait les frais. C'est que, règle budgétaire oblige, les cadeaux fiscaux des uns doivent être compensés par une augmentation de la pression fiscale sur les autres. Après tout, les comptes de la nation doivent forcément être équilibrés.

Astuce n° 2 Imigrez vers des cieux fiscaux – pays, régions ou communes – plus favorables

Déclarer que la charge fiscale est singulièrement élevée en Belgique, c'est enfoncer une porte ouverte. Rien ne vous empêche toutefois d'échapper à cette écrasante pression fiscale. En émigrant, par exemple. De fait, pour l'impôt sur le revenu comme pour les droits de succession, le prélèvement d'impôts va de pair avec la notion d'«habitant du Royaume». En bref, cela veut dire que toute personne ayant établi sa résidence en Belgique est soumise à la fiscalité belge. Pour échapper à cette imposition, il suffit de déplacer votre résidence dans un pays bénéficiant d'un climat fiscal plus favorable que le nôtre. Si vous émigrez réellement, et pas seulement sur papier, pour des raisons fiscales, vous reprendrez la route la moins imposée en toute légalité et, dans ce cas, pas de problème.

Il faut dire que, souvent, vous pouvez – avec un peu de créativité fiscale – vous épargner tout un tas d'impôts en faisant un petit détour par l'étranger. Ce n'est pas un hasard si nombre de nos plus grands athlètes – Justine Henin, Axel Merckx, Tom Boonen, Stefan Everts et Philippe Gilbert – sont allés chercher un peu de tranquillité à Monaco, tout comme 800 autres de nos compatriotes. Sur le Rocher, si chaque citoyen français paie un impôt sur ses revenus, ce n'est pas le cas des autres nationalités. Outre Monaco, d'autres destinations s'offrent aux particuliers qui souhaitent fixer leur résidence fiscale ailleurs. L'Irlande, par exemple, représente une véritable manne fiscale pour les écrivains, les auteurs-compositeurs, les sculpteurs et autres artistes. L'*artist exemption* en application dans ce pays fait que ces artistes ne sont pas imposés sur les revenus générés par la vente de leurs créations. Au Liechtenstein et en Suisse, vous pouvez négocier – aussi sous certaines conditions – un régime fiscal sur mesure, ce que l'on appelle là-bas une *Pauschalregelung* (ou régime forfaitaire), laquelle est toujours pratique si vous envisagez de vous expatrier dans ces pays. En Suisse, les résidents étrangers qui génèrent leurs revenus uniquement hors de la Confédération bénéficient d'un régime fiscal particulier par lequel ils sont imposés sur la base non pas de leurs revenus dans le monde, mais de leurs dépenses.

Du reste, l'émigration fiscale n'est pas seulement intéressante pour réaliser des économies sur vos revenus. Elle peut également entrer en ligne de compte si vous voulez vous assurer que vos héritiers ne paient pas, sinon bien moins de droits de succession. À cet égard, le choix de la dernière résidence est donc aussi un instrument non négligeable dans la planification successorale. Ainsi l'Italie a-t-elle supprimé les droits de succession, ce qui peut ouvrir des perspectives à terme pour les descendants de Guy Verhofstadt et de Karel De Gucht. Il en va de même à Monaco et dans certains cantons suisses comme celui du Valais, où les droits de succession sont quasi inexistants. En Espagne, les droits de succession dépendent de la résidence des héritiers. Que vive et meure le défunt en Espagne alors que ses enfants vivent en Belgique et les droits de succession disparaissent aussitôt : zéro en Belgique (parce que le défunt n'est pas un habitant du Royaume) et zéro en Espagne (parce que les héritiers n'y résident pas). La vigilance reste toutefois de mise. Si vous vous expatriez pour des raisons fiscales tout en conservant des biens immobiliers en Belgique, vos héritiers devront tout de même s'acquitter de droits de succession en Belgique, même si vous habitez en Italie, par exemple.

Par ailleurs, vous ne devez pas forcément déménager à l'étranger pour bénéficier d'un avantage fiscal. Vous pouvez très bien le faire au pays. Ceci est dû en grande partie à la régionalisation fiscale par laquelle l'État fédéral a cédé toute une série de compétences fiscales aux régions. C'est notamment le cas pour la gestion des droits d'enregistrement sur la vente de biens immobiliers et celle des droits de succession. Cette organisation a mené à une véritable concurrence fiscale.

Quant aux droits d'enregistrement sur l'achat d'un bien immobilier, les taux affichent déjà de sérieuses différences entre eux. À l'achat d'un bien immobilier en Région flamande, la taxe d'enregistrement s'élève à 10 % contre 12,5 % en Région wallonne et dans la Région de Bruxelles-Capitale. En Région flamande et dans la Région de Bruxelles-Capitale, il existe aussi différents allègements de la base imposable sur laquelle les droits d'enregistrement sont calculés. Ainsi la Région de Bruxelles-Capitale accorde-t-elle une exonération de 60.000 ou 75.000 € (selon la situation du bien immobilier) à quiconque installe sa résidence principale à Bruxelles, après l'achat d'un bien immobilier. Quant à la Région flamande, elle accorde une exonération de 15.000 €, majorée de 10.000 € si l'acquisition est assortie d'un emprunt hypothécaire. Et ce n'est pas tout : la Flandre applique un système de «reportabilité» des droits d'enregistrement, jusqu'à concurrence de 12.500 €, pour ce qui est de la taxe déjà versée lors de l'acquisition antérieure d'un bien immobilier.

Pour les droits de succession aussi, vous avez le choix entre les différentes régions, si ce n'est que vos héritiers ne pourront profiter d'un régime fiscal régional plus favorable que si vous avez établi votre résidence fiscale, pendant les cinq ans au moins qui précèdent votre décès, dans la région que vous avez choisie pour des raisons fiscales. Ce choix peut entraîner des conséquences fiscales importantes. En ce qui concerne les taux qui régissent la relation entre parents et enfants ou entre époux, les droits de succession peuvent atteindre 27 % en Flandre, contre 30 % dans les autres régions. Dans d'autres cas, les taux sont bien plus élevés. Pour les héritiers qui n'ont ainsi aucun lien avec le défunt, les droits de succession se situent, en fonction des différentes tranches d'imposition, entre 45 % et 65 % en Région flamande, entre 40 % et 80 % dans la Région de Bruxelles-Capitale, et entre 30 % et 80 % en Région wallonne. Les régimes d'exonération fiscale varient eux aussi considérablement. En Région flamande, la résidence familiale est totalement exonérée des droits de succession. Ce n'est pas le cas dans la Région de Bruxelles-Capitale où s'applique un taux réduit, ni en Région wallonne où les droits de succession sur la résidence familiale font l'objet d'un calcul à part.

La fiscalité des administrations subordonnées peut jouer un rôle déterminant dans le domaine de l'impôt sur le revenu des personnes physiques également. À la suite de la sixième réforme de l'État, les régions sont habilitées, depuis 2014, à prélever un impôt régional supplémentaire sur le revenu. Elles déterminent en principe le montant de cet impôt complémentaire, également appelé «centime additionnel». À l'heure où ce livre passe sous presse, le montant applicable par région en 2014 n'est pas encore connu, mais il est évident que ce centime additionnel fera l'objet de différences régionales à terme. Dès lors, vous pourrez en principe choisir votre lieu de résidence fiscale.

Le même phénomène se produit à l'échelon communal. Comme les régions, les communes sont autorisées à prélever un impôt supplémentaire sur le revenu des personnes physiques. Vous trouverez un aperçu des communes par province, sur le site Web du SPF Finances (http://finances.belgium.be/fr/particuliers/declaration_impot/taxe_communale). C'est en Flandre occidentale, à Heuvelland et à Messines, et dans le Limbourg, à Peer et à Riemst, que les additionnels communaux sont les plus élevés. Ces communes prélèvent 9 % d'impôt supplémentaire sur le revenu. Les communes les plus attractives se situent sur la côte : Coxyde, Knokke et La Panne n'en prélèvent aucun. Une différence de traitement fiscal qui ne peut être sous-estimée. Ainsi, un ménage moyen à deux titulaires de revenu, qui doit payer 40.000 € d'impôts sur le revenu devra, à Peer, verser 3.600 € de plus à la commune et pas un cent de plus à La Panne. Une sacrée différence de calcul, n'est-ce pas ?

Pour conclure, nous n'insisterons jamais assez sur le fait qu'une émigration fiscale ne peut en aucun cas être fictive et doit être conforme à la réalité. Dans le cas contraire, vous vous rendez coupable de fraude au domicile et pouvez vous retrouver dans une position très fâcheuse.

❂ Astuce n° 3
Devenez riche, car le capital et les revenus du patrimoine sont à peine imposés

Certes, le cliché est gros comme une maison, mais l'accès à la richesse reste encore et toujours l'astuce la plus efficace pour alléger votre fardeau fiscal. En matière d'impôt sur le revenu des personnes physiques, au fond, les taux élevés s'appliquent uniquement aux revenus du travail et aux bénéfices des entreprises. Ces revenus sont de surcroît taxés progressivement. En d'autres termes, le taux de prélèvement augmente à mesure que les revenus grimpent. Ce taux varie entre 25 % et 50 % pour les revenus au-delà de 35.000 €. Le capital et les revenus qui en découlent, en revanche, ne sont pas taxés, sinon très faiblement par rapport aux revenus du travail. Cet état de fait diminue sérieusement la pression fiscale individuelle. Dans un article du 17 août 2011, le quotidien Het Laatste Nieuws révélait que 503 de nos compatriotes avaient indiqué un revenu de plus d'un million d'euros sur leur déclaration de 2009, mais n'avaient payé que 25,4 % d'impôts en moyenne sur ce montant. Ce résultat vient simplement du fait que la majeure partie de leurs revenus ne provient pas du travail, mais bien du capital.

L'absence de toute imposition notable sur les capitaux et les revenus qui en découlent explique d'ailleurs pourquoi notre pays figure au hit-parade des résidences fiscales pour nos voisins du Nord et du Sud. Si vous avez la chance de pouvoir vivre des intérêts ou dividendes des actions que vous détenez, votre charge fiscale en Belgique va, respectivement, de 15 % à 25 %, et ce, quelle que soit l'étendue de vos revenus. Un grand actionnaire d'AB InBev, qui voit chaque année quelques millions d'euros de dividendes tomber dans son escarcelle, sera imposé au même taux que le petit épargnant qui ne détient que quelques parts de la même société dans son modeste portefeuille. Et si la vente d'actions permet de réaliser une importante plus-value, aucun impôt n'est en principe dû, à moins que le fisc ne parvienne à démontrer une intention spéculative, ce qui n'est pas évident (ndt : à l'heure de mettre sous presse, l'introduction du tax shift du gouvernement Michel devrait permettre la taxation des plus-values au taux de 33 %, si les actions étaient vendues dans les six mois suivant leur achat, avec un effet rétroactif au 1er juillet 2015).

Les revenus immobiliers sont eux aussi très faiblement taxés. Les biens immobiliers loués à titre privé ne sont pas imposés sur la base des revenus locatifs perçus effectivement, mais sur la base du revenu cadastral uniquement. Ce dernier constitue un revenu fictif estimé par le fisc, qui ne correspond absolument pas aux revenus locatifs réels. D'ailleurs, le calcul du revenu cadastral se fonde encore aujourd'hui sur les valeurs locatives qui datent du 1er janvier 1975... Oui, 1975. Si vous louez une maison dont le revenu cadastral s'élève à 1.000 € et que le loyer mensuel est de 1.000 €, vous aurez perçu 12.000 € sur une base annuelle. Toutefois, le fisc ne vous taxera pas sur ces 12.000 €, mais bien sur le revenu cadastral indexé, soit 2.289 €.

Même si vous faites l'acquisition d'un bien d'investissement, vous pouvez, là encore, faire des affaires en or au niveau fiscal. Attendez cinq ans avant de revendre votre bien immobilier et la plus-value que vous aurez dégagée sera totalement exemptée d'impôt. Si vous vendez dans les cinq ans, la plus-value sera soumise à l'impôt, mais vous aurez droit à un abattement fiscal qui fait que vous devrez dégager une plus-value de plus de 25 % avant qu'elle ne soit réellement imposable.

✪ Astuce n° 4 Mariage ou cohabitation, tenez compte des conséquences fiscales de votre choix

En Belgique, il existe différentes formes de vie commune : le mariage, la cohabitation légale et la cohabitation de fait. En principe, ce choix vous appartient. Seulement, il implique des conséquences juridiques et fiscales importantes. En général, on peut considérer qu'un mariage offre aux partenaires une protection juridique plus large que celle de la cohabitation. Cette considération concerne en particulier la répartition des revenus et possessions des partenaires, ainsi que celle du patrimoine après le décès de l'un des partenaires. Dans le cadre d'un mariage, le régime patrimonial est plutôt bien réglementé. En l'absence d'un contrat de mariage, il existe tout de même un régime matrimonial légal. Pour faire court, les revenus acquis après le mariage appartiennent au patrimoine commun. Les possessions antérieures au mariage, les héritages et donations de chaque partenaire, appartiennent quant à eux au patrimoine individuel. Quiconque souhaite toutefois s'écarter de ces règles du jeu légales peut faire établir un contrat de mariage et, par exemple, opter pour un régime de séparation de biens ou de communauté universelle.

Pour les cohabitants légaux, qui ont donc fait une déclaration de cohabitation légale devant l'officier de l'état civil, la législation prévoit un régime de séparation de biens limité. Ainsi, un cohabitant légal conserve ses revenus professionnels et les biens dont il peut prouver la propriété. Quant aux biens pour lesquels il n'est pas possible de démontrer la propriété exclusive, la loi considère qu'ils appartiennent en indivision aux deux partenaires.

Pour ce qui est de la cohabitation de fait, qui signifie que les partenaires vivent simplement ensemble à une même adresse, la loi ne prévoit aucun régime de protection patrimonial. Comme des cohabitants légaux, des cohabitants de fait peuvent cependant conclure un contrat de cohabitation afin de régler leur situation entre eux.

En matière de droit successoral, des époux comme des cohabitants légaux hériteront automatiquement l'un de l'autre. Des cohabitants de fait devront rédiger un testament s'ils souhaitent favoriser le partenaire survivant en cas de décès. Au sein d'un mariage, le conjoint survivant hérite de l'usufruit légal sur tous les biens mobiliers et immobiliers du primo-décédé. Dans le cas d'une cohabitation légale, le survivant hérite uniquement de l'usufruit du logement familial et des meubles qui le garnissent. Si des cohabitants légaux peuvent aussi se déshériter l'un l'autre par le biais d'un testament ou d'une donation, des époux ne peuvent le faire que dans des circonstances très particulières.

Le choix d'une forme de vie commune entraîne par ailleurs des conséquences fiscales non négligeables. Il existe en effet des différences notables en matière d'impôt sur le revenu, d'impôt sur les donations et de droits de succession. Le mode d'organisation de votre patrimoine conjugal a lui aussi toute son importance à cet égard.

CONSÉQUENCES SUR L'IMPÔT SUR LE REVENU

Quand il est question d'impôt sur le revenu, l'imposition comporte un avantage considérable pour les époux et les cohabitants légaux. En principe, les partenaires qui ont choisi l'un de ces deux modes de vie commune sont imposés ensemble. Toutefois, cette imposition commune n'influence en rien le calcul de l'impôt. Pour ce calcul, les revenus des deux partenaires sont en effet décumulés, c'est-à-dire imposés séparément, même si les partenaires sont mariés sous le régime de la communauté de biens. Un exemple : si un couple possède un bien immobilier en commun, les revenus qui en découlent sont communs, mais imposés de moitié sur chaque conjoint. À ce stade, la situation d'époux et de cohabitants légaux ne diffère pas de celle de cohabitants de fait.

Là où la législation fiscale fait toutefois une différence en matière d'impôt sur le revenu, c'est au niveau de la réglementation concernant le quotient conjugal et le conjoint aidant. Si l'un des partenaires perçoit des revenus professionnels très bas, voire aucun, le système du quotient conjugal s'applique. Ce système veut que, lors du calcul de l'impôt, 30 % des revenus professionnels du conjoint qui travaille soient attribués à l'autre conjoint, avec un maximum de 10.230 € (exercice d'imposition 2016).

Ce transfert a toute son importance, car il fait disparaître une partie des revenus du conjoint qui travaille de la base de calcul, ce qui mène par conséquent à une imposition plus faible. Le simple fait de déplacer 30 % des revenus d'un conjoint sur l'autre implique pour le couple qu'il se retrouve dans des tranches d'imposition inférieures et en ressent l'influence positive sur sa charge fiscale. Pour rappel, le système du quotient conjugal s'applique uniquement aux ménages dont un seul des deux partenaires possède un revenu professionnel. Dans ce cas, 30 % des revenus professionnels nets du conjoint qui travaille sont attribués à l'autre conjoint sans occupation professionnelle. Si les deux travaillent, mais que l'un d'eux possède un faible revenu – moins de 10.090 € (exercice d'imposition 2014) – le quotient conjugal peut encore rester d'application dans une mesure limitée. Les cohabitants de fait ne peuvent en aucun cas faire appel à ce système, ce qui, naturellement, ne représente un inconvénient que si les revenus professionnels d'un des deux partenaires sont faibles, voire inexistants. Ce qui vaut pour la réglementation du quotient conjugal vaut également pour celle du conjoint aidant. Un indépendant (entrepreneur ou professionnel libéral) peut verser un salaire à son partenaire, le conjoint aidant. Ce salaire, qui doit correspondre à une rémunération ordinaire, est limité à 30 % des revenus professionnels nets du partenaire indépendant, avec un plafond de 13.290 € (exercice d'imposition 2016).

La cohabitation de fait entraîne en outre plusieurs avantages non négligeables. Pour commencer, des cohabitants de fait peuvent décider lequel des deux prendra à sa charge certains frais déductibles fiscalement. Pour un couple marié ou en cohabitation légale, ces frais doivent le plus souvent être partagés entre les deux partenaires, d'où une planification fiscale qui n'est pas toujours optimale. Les cohabitants de fait n'ayant pas cette obligation, ils peuvent très bien décider d'imputer fiscalement les frais engagés au partenaire qui a le revenu le plus élevé, ce qui est plus avantageux pour eux. Ainsi vaut-il mieux attribuer les dons à des œuvres de bienfaisance ou les frais de garde d'enfants au partenaire qui gagne le mieux sa vie et, partant, est soumis au taux d'imposition le plus élevé. Les partenaires mariés et les cohabitants légaux n'ont pas ce choix. De fait, les frais qu'ils font sont automatiquement répartis de façon équitable entre les deux partenaires.

À côté de cela, les cohabitants de fait profitent aussi de l'attribution de l'«abattement fiscal». Il s'agit de la fraction des revenus exclue du calcul de l'impôt. Attribuée à chaque contribuable, cette exonération est relevée si des enfants sont à charge. Les parents isolés voient même cette somme exonérée augmenter de 1.510 € (exercice d'imposition 2016). Comme les cohabitants de fait sont considérés comme des «personnes isolées» par le fisc, ils profitent eux aussi de cette hausse supplémentaire. Si vous-même êtes cohabitant de fait, vous pouvez donc décider lequel des deux partenaires aura la charge fiscale des enfants. Celui qui en aura la charge pourra dès lors bénéficier d'un abattement fiscal plus élevé. Cette personne doit bien évidemment être le parent naturel de l'enfant ou, à tout le moins, contribuer pour moitié aux frais d'entretien engagés pour l'enfant.

Le dernier avantage que les cohabitants de fait ne doivent pas sous-estimer se situe au niveau du recouvrement de la dette fiscale. Que les deux partenaires soient mariés ou cohabitent légalement, ils sont imposés ensemble. Concrètement, la dette fiscale des deux partenaires est imposée dans une seule et même imposition fiscale et au nom des deux partenaires. Une notion qui importe pour le recouvrement de l'impôt. Si des conjoints ou cohabitants légaux ne s'acquittent pas de l'impôt spontanément, le fisc peut récupérer la somme due sur tous les biens propres à chaque partenaire et sur tous ceux qu'ils ont en commun. Autrement dit, la dette fiscale de l'un des partenaires peut aussi être recouvrée sur le patrimoine de l'autre. Ce n'est pas le cas avec la cohabitation de fait : le fisc peut récupérer la dette fiscale uniquement sur le patrimoine du partenaire qui en fait l'objet. L'autre partenaire reste alors hors d'atteinte du fisc. Cette donnée importe d'autant plus lorsque l'un des deux partenaires se rend coupable de fraude. Dans le cas d'un mariage ou d'une cohabitation légale, l'autre partenaire se retrouve entraîné dans cette affaire et sa responsabilité est donc engagée quant au remboursement de la dette fiscale. Un problème qui ne se pose pas dans la cohabitation de fait.

CONSÉQUENCES SUR LES DROITS DE DONATION ET DE SUCCESSION EN FLANDRE

Les droits de donation et de succession connaissent encore des variations, selon la forme de vie commune concernée. À cet égard, on notera que ces droits sont régionalisés. En d'autres termes, ils font partie des compétences des régions. Les droits de donation et de succession varient donc d'une région à l'autre et peuvent de ce fait constituer un paramètre à prendre en compte pour le choix de votre lieu de résidence.

En Flandre, les époux comme les cohabitants légaux et de fait sont mis sur un pied d'égalité, pour ce qui est de l'application des droits de donation et de succession. Cette égalité de traitement est importante, étant donné que les taux applicables à ces droits diffèrent selon la parenté par consanguinité et par alliance. Une situation dont les cohabitants de fait peuvent tirer des avantages. Ils sont mis au même niveau que les époux, à la condition qu'ils cohabitent de fait et mènent une vie commune depuis un an au moins. Il convient de noter que ce régime fiscal n'est pas limité à deux personnes. Autrement dit, toutes les personnes qui vivent en cohabitation de fait à la même adresse depuis au moins un an et mènent une «vie commune» entrent en ligne de compte. Quiconque fonde un harem en Flandre peut donc bénéficier de ce régime fiscal. Tout comme des frères et sœurs, religieuses et personnes LGBT qui vivent ensemble.

Par suite de cette assimilation fiscale, des cohabitants légaux et de fait comme des époux peuvent profiter non seulement des taux applicables les plus bas, mais aussi du calcul distinct des droits de succession. Pour le calcul des droits de succession entre époux (ou cohabitants), la Flandre prévoit une scission entre la partie mobilière (biens mobiliers tels que l'argent, les bijoux, etc.) et la partie immobilière (biens immobiliers tels un logement, un terrain, etc.), de sorte qu'il est en fait possible de profiter du taux réduit deux fois.

Comme des époux, des cohabitants légaux ou de fait peuvent bénéficier d'une exonération fiscale lorsqu'ils héritent du logement familial, si ce n'est que les cohabitants de fait doivent avoir habité et mené une vie commune avec le défunt pendant au moins trois années consécutives. De plus, le cohabitant qui hérite ne peut être un parent en ligne directe du défunt, car l'exonération ne vaut pas dans ce cas. L'exonération n'entre donc pas en application pour le père ou la mère, ni le fils ou la fille cohabitant(e), même si ces personnes peuvent en principe répondre à la définition de cohabitant de fait.

EXEMPLE EN RÉGION FLAMANDE

Els et Bart vivent ensemble depuis 2005 en Flandre. Bart décède en 2014 et Els hérite du logement familial (d'une valeur de 400.000 €), d'un appartement à la mer, propriété de Bart (d'une valeur de 300.000 €), et d'un portefeuille de titres, également la propriété de Bart (d'une valeur de 100.000 €). Indépendamment de la forme de vie commune choisie, Els devra les droits de succession suivants en Flandre :

50 % du logement familial :		exonération
Calcul séparé des droits de succession sur le patrimoine mobilier et immobilier :		
Appartement à la mer :	3 % sur la tranche 0 – 50.000 € :	1.500 €
	9 % sur la tranche 50.000 – 250.000 €:	18.000 €
	27 % sur la tranche au-delà de 250.000 € :	13.500 €
		33.500 €

Portefeuille de titres :	3 % sur la tranche 0 – 50.000 € :	1.500 €
	9 % sur la tranche 50.000 – 100.000 € :	4.500 €
		6.000 €

Els héritera de 600.000 € (50 % du logement familial + appartement à la mer + portefeuille de titres) et devra au total 39.500 € de droits de succession sur l'héritage.

En Flandre, l'assimilation des cohabitants légaux et de fait à des époux vaut également pour les droits de donation. Là encore, les taux les plus bas entrent en application si des conjoints ou cohabitants légaux ou de fait se font une donation entre eux. La législation en la matière prévoit un taux fixe de 3 % pour la donation de biens mobiliers et des taux progressifs pour la donation de biens immobiliers. Peu importe la forme de vie commune, les partenaires profitent également d'une exonération en cas de donation d'un terrain à bâtir. Cette question est traitée plus loin dans ce livre.

CONSÉQUENCES SUR LES DROITS DE DONATION ET DE SUCCESSION DANS LA RÉGION DE BRUXELLES-CAPITALE

Dans la Région de Bruxelles-Capitale, seuls les cohabitants légaux sont assimilés à des époux quand il est question des taux applicables aux droits de donation et de succession. Ils ont accès aux taux les plus bas qui, cependant, portent sur l'ensemble de la succession. Bruxelles n'opère donc aucune distinction entre la partie mobilière et la partie immobilière de l'héritage pour le calcul des droits de succession. Le logement familial fait toutefois l'objet d'un calcul à part. Des cohabitants de fait ne peuvent donc pas bénéficier des taux applicables à des conjoints, à Bruxelles. Les taux qui les concernent en matière de donation et de succession sont encore déterminés par leur lien de parenté avec le donateur ou le défunt. Une situation susceptible d'entraîner des conséquences financières assez lourdes, étant donné que les taux peuvent grimper à 80 %.

EXEMPLE DANS LA RÉGION DE BRUXELLES-CAPITALE

Julie et Jan vivent ensemble depuis 2005 à Bruxelles. Jan décède en 2014 et Julie hérite du logement familial (d'une valeur de 400.000 €), d'un appartement à la mer, propriété de Jan (d'une valeur de 300.000 €), et d'un portefeuille de titres, également la propriété de Jan (d'une valeur de 100.000 €).

Si Julie et Jan étaient mariés ou cohabitants légaux, voici les droits de succession dont elle devrait s'acquitter à Bruxelles :

50 % du logement familial :		exonération
Reste du patrimoine mobilier et immobilier (appartement + portefeuille de titres) :		
	3 % sur la tranche 0 – 50.000 € :	1.500 €
	8 % sur la tranche 50.000 – 100.000 €:	4.000 €
	9 % sur la tranche 100.000 – 175.000 € :	6.750 €
	18 % sur la tranche 175.000 – 250.000 € :	13.500 €
	24 % sur la tranche 250.000 – 400.000 € :	36.000 €
		61.750 €

Julie héritera de 600.000 € et devra au total 61.750 € de droits de succession sur l'héritage.

Si Julie et Jan étaient de simples cohabitants de fait, voici les droits de succession dont elle devrait s'acquitter :

	40 % sur la tranche 0 – 50 000 € :	20.000 €
	55 % sur la tranche 50 000 – 75 000 € :	13.750 €
	65 % sur la tranche 75 000 – 175 000 € :	65.000 €
	80 % sur la tranche 175 000 – 600 000 € :	340.000 €
		438.750 €

Julie héritera de 600.000 € et devra au total 438.750 € de droits de succession sur l'héritage.

À Bruxelles aussi, l'assimilation des cohabitants légaux à des époux vaut pour l'application des droits de donation. Les cohabitants de fait restent quant à eux sur la touche. Là encore, les taux les plus bas entrent en application si des conjoints ou cohabitants légaux se font une donation entre eux. La législation en la matière prévoit un taux fixe de 3 % pour la donation de biens mobiliers et des taux progressifs pour la donation de biens immobiliers. Peu importe la forme de vie commune, les partenaires profitent également d'une exonération en cas de donation du logement familial. Cette question est traitée plus avant dans ce livre.

CONSÉQUENCES SUR LES DROITS DE DONATION ET DE SUCCESSION EN RÉGION WALLONNE

Comme la Région de Bruxelles-Capitale, la Région wallonne assimile uniquement les cohabitants légaux à des époux quand il est question des taux applicables aux droits de donation et de succession. Elle leur accorde les taux les plus bas sur l'ensemble de la succession. La Wallonie ne fait pas non plus la distinction entre la partie mobilière et la partie immobilière de l'héritage pour le calcul des droits de succession, contrairement à la Flandre. Le logement familial fait toutefois l'objet d'un calcul à part. Des cohabitants de fait en Région wallonne, comme à Bruxelles, ne peuvent donc pas bénéficier des droits de succession réduits applicables à des époux. Les taux qui les concernent en matière de donation et de succession sont encore déterminés par leur lien de parenté avec le donateur ou le défunt. Et en Région wallonne aussi, ces taux peuvent grimper à 80 %.

EXEMPLE EN RÉGION WALLONNE

Isabelle et Jean vivent ensemble depuis 2005 en Wallonie. Jean décède en 2014 et Isabelle hérite du logement familial (d'une valeur de 400.000 €), d'un appartement à la mer, propriété de Jean (d'une valeur de 300.000 €), et d'un portefeuille de titres, également la propriété de Jean (d'une valeur de 100.000 €).

Si Isabelle et Jean étaient mariés ou cohabitants légaux, voici les droits de succession dont elle devrait s'acquitter en Wallonie :

50 % du logement familial :	1 % sur la tranche 0 – 25.000 € :	250 €
	2 % sur la tranche 25.000 – 50.000 € :	500 €
	5 % sur la tranche 50.000 – 175.000 € :	6.250 €
	12 % sur la tranche 175.000 – 200.000 € :	3.000 €
		10.000 €

Reste du patrimoine mobilier et immobilier (appartement + portefeuille de titres) :

	3 % sur la tranche 0 – 12.500 € :	375€
	4 % sur la tranche 12.500 – 25.000 € :	500 €
	5 % sur la tranche 25.000 – 50.000 € :	1.250 €
	7 % sur la tranche 50.000 – 100.000 € :	3.500 €
	10 % sur la tranche 100.000 – 150.000 € :	5.000 €
	14 % sur la tranche 150.000 – 200.000 € :	7.000 €
	18 % sur la tranche 200.000 – 250.000 € :	9.000 €
	24 % sur la tranche 250.000 – 400.000 € :	36.000 €
		62.625 €

Isabelle héritera de 600.000 € et devra au total 72.625 € de droits de succession sur l'héritage.

Si Isabelle et Jean étaient de simples cohabitants de fait, voici les droits de succession dont elle devrait s'acquitter :

	30 % sur la tranche 0 – 12.500 € :	3.750 €
	35 % sur la tranche 12.500 – 25.000 € :	4.375 €
	60 % sur la tranche 25.000 – 75.000 € :	30.000 €
	80 % sur la tranche 175.000 – 600.000 € :	340.000 €
		378.125 €

Isabelle héritera de 600.000 € et devra au total 378.125 € de droits de succession sur l'héritage.

En Wallonie aussi, l'assimilation des cohabitants légaux à des époux vaut pour l'application des droits de donation. Les cohabitants de fait restent quant à eux sur la touche. Là encore, les taux les plus bas entrent en application si des conjoints ou cohabitants légaux se font une donation entre eux. La législation en la matière prévoit un taux fixe de 3 % pour la donation de biens mobiliers et des taux progressifs pour la donation de biens immobiliers. Peu importe la forme de vie commune, les partenaires profitent également d'une exonération en cas de donation du logement familial. Cette question est traitée plus loin dans ce livre.

Astuce n° 5 Opérez en société en fonction de vos besoins

S'il est une question qui revient très souvent parmi les entrepreneurs et les indépendants, c'est celle de savoir s'il est bien raisonnable, du point de vue fiscal, d'opérer ou non en société.

La réponse est très simple, de prime abord. De fait, en matière d'impôt des sociétés, le taux maximum s'élève à 33,99 % contre 50 % (majorés de la taxe communale) pour l'impôt sur le revenu des personnes physiques. Le régime fiscal des sociétés est donc nettement plus avantageux que celui qui s'applique aux personnes physiques.
Le problème, toutefois, c'est que travailler sous la forme d'une société suppose également d'en sortir de l'argent pour pouvoir assurer sa propre subsistance et engager des dépenses privées. Le gérant d'une société devra donc se verser un salaire qui, à son tour, sera imposé aux taux élevés de l'impôt sur le revenu des personnes physiques, ce qui annule en partie le bénéfice initial de l'impôt des sociétés. Et plus ce gérant dégage de revenus de sa société, plus ce bénéfice se réduit comme peau de chagrin. Certes, il est possible de remédier en partie à ce problème en prévoyant d'autres solutions de rémunération fiscalement plus avantageuses, comme des dividendes, des avantages en nature et une assurance-groupe. Mais le problème ne disparaîtra pas pour autant, surtout depuis que le gouvernement Di Rupo a considérablement relevé la fiscalité sur les dividendes et les avantages en nature.

Aussi la décision de fonder une société pour des raisons fiscales est-elle étroitement liée à vos besoins financiers personnels. Un bon exercice consisterait à calculer le budget dont vous avez besoin pour vivre. Votre activité en tant qu'indépendant rapporte suffisamment pour que vous puissiez, en plus d'assurer vos propres besoins financiers, disposer d'une somme substantielle ? Vous pouvez à coup sûr envisager la création d'une société. Le bénéfice dont vous pouvez vous passer sera alors taxé à l'impôt des sociétés, mais peut aussi être investi via la société dans l'acquisition ou la rénovation d'un bien immobilier.

✪ Astuce n° 6 Fraudez, mais avec modération

Autant nos pouvoirs publics gèrent la fiscalité de façon incohérente, autant ils encouragent la fraude dans une certaine mesure. C'est du moins ce que fait ressortir le système de sanction fiscale. En matière d'impôt sur le revenu, le fisc peut vous infliger une hausse d'impôt lorsque vous n'avez pas introduit de déclaration ou lorsque celle-ci est incomplète ou erronée. Le pourcentage de cette hausse d'impôt est déterminé en fonction de la nature et de la gravité de l'infraction, et peut varier entre 10 % et 200 % de l'impôt dû sur le revenu non déclaré.

À cet égard, il convient toutefois de noter que le gouvernement a modifié le système de sanction fin 2012, en introduisant une mesure dans la législation, indiquant qu'aucune hausse d'impôt ne s'applique si le revenu non déclaré est inférieur à 2.500 €. Par cette mesure, le gouvernement a en quelque sorte autorisé chaque contribuable à ne pas déclarer jusqu'à 2.500 €. Fait intéressant, cette disposition existait déjà avant 2012, sauf que l'ancienne version prévoyait un montant limité à 620 €. Comme ce montant était resté inchangé depuis plusieurs années, le gouvernement a décidé, pour ainsi dire, de l'indexer à 2.500 € en 2012. Étonnant, mais vrai.

Mais avant d'avoir de mauvaises idées derrière la tête, n'oubliez pas ce point négatif : le fisc peut aussi vous infliger une amende si vous ne déclarez pas vos revenus ou rendez une déclaration inexacte. Cette amende varie entre 50 € et 1 250 €, mais si le fisc ne parvient pas à prouver votre mauvaise foi, il peut uniquement vous infliger l'amende minimum de 50 €.

3.

LE FISC ET VOS REVENUS DU TRAVAIL : COMMENT ALLÉGER OU ÉVITER LA CHARGE FISCALE

En Belgique, vos revenus personnels sont taxés chaque année à l'impôt sur le revenu des personnes physiques. Cette imposition s'applique à l'ensemble de vos revenus. En d'autres termes, tous vos revenus sont en principe passibles d'un impôt, quelle que soit leur nature (revenu du travail, revenu mobilier ou immobilier) ou leur provenance (Belgique ou étranger). Ces revenus sont en général imposés conjointement selon un taux progressif, c'est-à-dire qui augmente à mesure que vos revenus s'accroissent. Certains revenus (comme les revenus mobiliers) échappent cependant à ce système tarifaire progressif et sont frappés d'un impôt à «taux fixe».

Les taux progressifs de l'impôt sur le revenu des personnes physiques vont de 25 % à 50 %. Les taux suivants sont valables pour les revenus de 2015, exercice d'imposition 2016.

de	à	taux	impôt cumulé
0 €	8.710 €	25 %	2.177,50 €
8.710 €	12.400 €	30 %	3.284,50 €
12.400 €	20.660 €	40 %	6.588,50 €
20.660 €	37.870 €	45 %	14.333,00 €
37.870 €	-	50 %	>

Notons toutefois que le revenu imposable n'est pas entièrement imposé. La législation fiscale prévoit, pour chaque contribuable, une «quotité du revenu exemptée d'impôt», qui est imputée sur les tranches inférieures de revenus et qui s'élève par défaut à 7.090 €. Cette exonération fiscale peut même être majorée lorsque des enfants sont à charge (1.510 € pour un enfant, 3.880 € pour deux enfants, 8.700 € pour trois enfants ou 14.060 € pour quatre enfants).

La Belgique, championne en matière de charge fiscale sur le travail

Lorsque des listes sont dressées sur la charge fiscale et parafiscale du travail, la Belgique y figure toujours. Selon l'OCDE, en 2011 et dans notre pays, une personne isolée, sans enfant et avec un revenu moyen devait concéder 55,5 % de son salaire à l'État. Un Belge isolé ne conserve donc guère que 45 % nets de sa rémunération. Un chiffre qui place la Belgique en tête de liste des pays de l'OCDE. Quant aux revenus plus élevés, la charge fiscale peut même grimper à pas moins de 60,7 % du salaire brut. Dans aucun autre État membre de l'OCDE les revenus du travail des personnes isolées ne sont-ils aussi lourdement taxés.

Les ménages titulaires de revenu et avec enfants ne sont pas en reste non plus. Excessivement élevée, la charge fiscale qu'ils doivent supporter s'élève, selon l'OCDE, à 48,2 %.
C'est ainsi que la Belgique occupe, en matière de pression fiscale, la première place des pays de l'OCDE.

Il n'est donc pas étonnant que la Commission européenne ait exhorté la Belgique, au cours de ces dernières années, à réduire sensiblement la charge fiscale sur le travail par un déplacement de celle-ci sur la consommation, le capital et l'écologie.

Le fait que la pression fiscale sur le travail atteigne des niveaux aussi spectaculaires ne signifie pas pour autant qu'il n'existe aucun mécanisme d'évitement pour l'alléger, voire la faire disparaître. Notre régime fiscal fourmille en effet d'exceptions que nous énumérons ci-après.

✪ Astuce n° 1 Faites des heures supplémentaires

Les travailleurs qui prestent des heures supplémentaires ont droit à un «sursalaire». Sous certaines conditions, ce sursalaire donne lieu à une réduction d'impôt qui s'applique aux travailleurs du secteur privé et de certaines entreprises publiques, telles Proximus, La Poste, la SNCB et Infrabel.

Pour les secteurs auxquels s'applique un sursalaire de 20 %, comme celui de la construction, cette réduction d'impôt s'élève à 66,81 % du montant brut de la rémunération. Pour les autres secteurs qui se voient accorder un sursalaire de 50 % ou de 100 % (dimanches et jours fériés), cette diminution s'abaisse à 57,75 %.

EXEMPLE

En 2013, un travailleur a presté dix heures supplémentaires tous les mois. Pour cela, il reçoit de son employeur 2.000 € et un supplément de 1.000 € (sursalaire à 50 %). Dans ce cas, le travailleur a droit à une réduction d'impôt de 57,75 % calculée sur 2.000 €, soit 1.155 € (le sursalaire en lui-même n'est pas pris en compte dans le calcul de cette réduction).

La réduction d'impôt reste limitée à 130 heures supplémentaires par an. Notez bien que le gouvernement a récemment relevé le maximum légal de 130 heures supplémentaires à 180, mais ce uniquement pour l'Horeca et le secteur de la construction. Et à la condition que l'employeur ait introduit soit un système de caisse enregistreuse, soit un système électronique d'enregistrement des présences.

Astuce n° 2
Soyez fidèle à votre employeur

Fin 2013, le gouvernement a introduit un nouveau régime fiscal pour les travailleurs qui restent fidèles à leur employeur. Quiconque est resté plus de cinq ans au service du même employeur bénéficie d'une exonération d'impôt qui équivaut à trois semaines de rémunération par année de service entamée. Si cette durée est supérieure à 21 ans, le travailleur se voit accorder une exonération fiscale supplémentaire, égale à une semaine de salaire par année de service entamée en plus. Cette exonération sera cependant limitée à un montant maximum à 1.830 € par mois.

Astuce n° 3
Assurez-vous un bonus

Depuis le 1er janvier 2008, un employeur peut accorder à ses travailleurs un bonus lié aux résultats, qui est exonéré dans une certaine mesure de cotisations sociales et de précompte professionnel et sur lequel est due une cotisation patronale de 33 % uniquement.

L'octroi d'un tel système requiert cependant de remplir un certain nombre de conditions. Ainsi le bonus doit-il être lié à un système d'objectifs collectifs qui doivent également être mesurables, objectivement vérifiables et incertains. En outre, le système de bonus doit être introduit par le biais d'une CCT ou d'un acte d'adhésion, en fonction des travailleurs concernés, représentés ou non par une délégation syndicale. Le régime d'exonération fiscale prévu pour ce système est par ailleurs limité à 2.798 € (exercice d'imposition 2016). Le système de bonus est cependant soumis à un régime différent en matière de fiscalité et de sécurité sociale. À l'échelle fiscale, l'exonération prévue s'élève à 2.798 € (exercice d'imposition 2016). Pour la sécurité sociale, le bonus ne constitue pas une rémunération à concurrence d'un montant de 3.219 €, mais au-delà du montant de 2.798 € (exercice d'imposition 2016), une cotisation de solidarité de 13,07 % est prélevée par année calendrier et par travailleur. Notez enfin que ce régime vaut uniquement pour les primes versées en numéraire et non pour l'octroi, par exemple, d'un bonus sous la forme d'un GSM, d'un ordinateur portable ou d'un voyage.

Astuce n° 4
Portez-vous volontaire chez les pompiers ou auprès de la protection civile, en marge de votre activité professionnelle

Les volontaires chez les pompiers et au sein de la protection civile reçoivent une indemnité de permanence et des primes d'astreinte par intervention. Ces indemnités étant fixées à l'échelle communale, elles varient d'une commune à l'autre. Toujours est-il que ces indemnités peuvent faire l'objet d'une exonération fiscale. De fait, les indemnités et primes octroyées aux volontaires sont exonérées d'impôt jusqu'à concurrence de 4.290 € par an (exercice d'imposition 2014).

✪ Astuce n° 5 Travaillez dans l'Horeca, en plus de votre profession

Pour soutenir le secteur de l'Horeca, le gouvernement a décidé de créer un statut fiscal d'exception pour le travail occasionnel dans l'Horeca. Depuis le 1er octobre 2013, les rémunérations de travailleurs occasionnels dans l'Horeca sont imposées à un taux préférentiel. Ainsi, le salaire de ces travailleurs n'est plus taxé aux taux progressifs de l'impôt sur le revenu des personnes physiques, mais à un taux fixe de 33 %. Le statut des travailleurs occasionnels vaut pour un quota de 50 jours par an. Il convient par ailleurs de noter qu'il s'applique uniquement à l'Horeca et non aux autres secteurs.

EXEMPLE

Un travailleur occasionnel qui exerce une activité secondaire dans l'Horeca 12 heures par mois, à un salaire de 20 € par heure, récupère tous les mois 152 € nets sur sa rémunération brute de 240 €, selon la fiscalité applicable à ce secteur. Dans d'autres secteurs, où ce régime n'a pas cours, le salaire net du travailleur s'élève à 100 € seulement.

Si vous recherchez un job pour arrondir vos fins de mois, vous savez maintenant dans quel secteur il vaut mieux travailler…

Astuce n° 6
Exercez une activité (complémentaire) en tant qu'artiste

Le secteur culturel est lui aussi parvenu à se voir concéder certains privilèges fiscaux. Pour commencer, les artistes peuvent bénéficier d'«indemnités de défraiement» exonérées d'impôt pour la fourniture de prestations artistiques et/ou la production d'œuvres artistiques dans le secteur de l'audiovisuel et des arts plastiques (théâtre, musique, littérature, etc.), pour le compte d'un donneur d'ordre. Cette exonération fiscale est plafonnée à 2.418,07 € par an et 120,90 € par jour (exercice d'imposition 2014).

Par ailleurs, les écrivains et artistes bénéficient d'un abattement fiscal lorsqu'ils reçoivent des prix et des subventions. Dans le cas où un prix est décerné, ce dégrèvement s'élève à 3.760 € (exercice d'imposition 2014). Dans le cas d'une subvention accordée sur plusieurs années, l'exemption d'impôt se chiffre à 3.760 € (exercice d'imposition 2014), un montant applicable aux deux premières années. Si ce montant limite est dépassé, un impôt séparé est prélevé sur le surplus au taux favorable de 16,5 %. Notez que ce régime vaut également pour des prix et subsides dans le domaine scientifique.

Certains prix et subsides sont toutefois totalement exonérés d'impôt. C'est le cas de ceux qui sont attribués par des institutions nationales et internationales reconnues par le Conseil des ministres. Il s'agit notamment des subsides et prix octroyés par l'État, les communautés, les régions, les provinces, les communes et agglomérations, les académies royales et le Concours musical international Reine Élisabeth.

❂ Astuce n° 7
Écrivez un livre ou réalisez une œuvre d'art

Depuis 2008, il existe également un régime fiscal à part pour les auteurs et les artistes. Il concerne les revenus que des auteurs et des artistes génèrent à partir de la cession ou la concession de droits d'auteur ou de droits voisins. Dans le cas d'une cession, l'auteur ou l'artiste renonce aux droits de propriété intellectuelle sur son œuvre. S'il obtient bien une compensation en échange de la renonciation définitive aux droits d'auteur, il en perd aussi la propriété. Dans le cas d'une concession, l'auteur ou l'artiste renonce à ses droits d'auteur de façon temporaire. Il permet ainsi à un tiers d'utiliser ou d'exploiter les droits d'auteur durant un certain temps, tout en conservant la propriété de ces droits. Il s'agit en général des revenus générés à la suite de la renonciation aux droits d'auteur au profit d'une maison d'édition, mais aussi de ceux acquis auprès de sociétés de gestion collective comme la SABAM.

Ce régime fiscal particulier s'applique donc, entre autres, aux écrivains, aux photographes et aux artistes plasticiens, et uniquement si ces artistes renoncent eux-mêmes à leurs droits d'auteur. Exemple : si un photographe réalise une photo à la demande d'un journal et contre paiement, ce revenu ne constitue pas une compensation pour la renonciation à un droit d'auteur, mais bien une rémunération. Si, en revanche, ce photographe souhaite faire un livre photo de son travail et met ses clichés à disposition d'un éditeur contre paiement, les revenus qui en découlent tombent sous le régime fiscal particulier des droits d'auteur. De même, un comédien de stand-up qui obtient une compensation d'un organisateur de spectacle pour sa représentation verra cette indemnité imposée sous le régime ordinaire des bénéfices ou salaires. Si, toutefois, ce spectacle est enregistré sur un CD ou un DVD, le revenu qu'il obtiendra à cet effet est considéré comme une compensation pour une cession ou une concession de droits d'auteur. À ce propos, il en va de même pour l'indemnité que me vaudra l'écriture de cet ouvrage, puisqu'il s'agit, ici aussi, d'une cession de droits d'auteur.

Les droits d'auteur font l'objet d'un régime fiscal à part qui est très intéressant. Les revenus qui découlent de la cession ou la concession de droits d'auteur sont considérés comme des revenus mobiliers jusqu'à 56.450 € (exercice d'imposition 2014). La partie de la compensation qui dépasse ce montant limite est quant à elle considérée comme un revenu professionnel et, en tant que tel, imposée aux taux progressifs ordinaires de l'impôt sur le revenu des personnes physiques. En dessous de ce montant limite, les revenus issus de la cession ou la concession de droits d'auteur restent des revenus mobiliers imposés à un taux fixe de 15 %. Par ailleurs, les compensations perçues qui se situent en deçà de ce seuil ne sont pas totalement imposées. L'auteur ou l'artiste peut toujours déduire les frais réellement engagés des compensations perçues. S'il n'a aucun frais à mettre en avant (ou ne peut justifier ses frais), il peut faire appel à une déduction forfaitaire. Cette déduction forfaitaire est fixée à 50 % sur la première tranche de 15.050 € de la compensation perçue et à 25 % sur la tranche allant de 15.050 € à 30.100 €.

EXEMPLE

Un auteur qui cède définitivement son manuscrit à une maison d'édition (cession de droits d'auteur) et reçoit à cet effet 20.000 € est, du fait de la déduction forfaitaire, imposé sur 11.237,50 € uniquement. Au taux fixe de 15 %, cela signifie qu'il doit un impôt de 1 685,62 €. Par conséquent, la déduction forfaitaire fait que sa charge fiscale réelle sur la compensation perçue est limitée à 8,42 %.

Astuce n° 8 Devenez bénévole

Sous certaines conditions très strictes, les indemnités de défraiement et les indemnités forfaitaires octroyées dans les domaines social, culturel et sportif à des personnes qui exercent des activités sportives et socio-culturelles ou qui y collaborent sont exemptées d'impôt. Sont notamment visées les indemnités allouées dans le cadre d'activités de bénévolat au sens strict, tels l'accueil de malades, l'accompagnement en fin de vie, l'accueil d'enfants, l'aide aux personnes âgées et personnes présentant des handicaps, le bien-être des animaux et la protection de l'environnement, ainsi que l'organisation de compétitions sportives et d'événements socio-culturels. Ceci vaut également pour les intervenants de proximité qui dispensent des soins à domicile, les accompagnateurs de jeunes joueurs dans des clubs de sport, les stewards lors de compétitions sportives, etc.

L'exonération s'applique uniquement à des activités de bénévolat. Ainsi une indemnité exonérée est-elle en principe exclue pour toute personne qui entretient une relation professionnelle avec l'organisation pour laquelle elle travaille, sauf si elle exerce d'autres activités bénévoles en parallèle de son activité professionnelle.

Le secrétaire d'une ASBL dans le secteur social, qui est lié à celle-ci par un contrat de travail, ne peut donc profiter d'un allègement fiscal pour ses activités en qualité de secrétaire. En revanche, cette personne pourra se voir octroyer une indemnité exonérée si, outre sa fonction de secrétaire, elle remplit, au sein de la même ASBL, celle d'accompagnateur de jeunes à l'occasion d'excursions.

Le montant de l'exonération d'impôt est fixé par l'administration dans une multitude de circulaires. Il existe un régime d'exonération général pour autant que l'indemnité de défraiement réelle ou forfaitaire ne s'élève pas à plus de 31,72 € par jour et 1.308,38 € par an (exercice d'imposition 2014). Si l'indemnité dépasse ces montants limites, elle est alors imposable dans sa totalité, à moins qu'il ne puisse être démontré qu'elle couvre réellement des frais qui peuvent être imputés sur l'association à l'origine du paiement.

Si l'association décide de verser une indemnité forfaitaire à ses bénévoles, cette indemnité est réputée couvrir tous les frais de chaque bénévole. Et il n'est en principe plus possible de recevoir une indemnité complémentaire pour des frais réels, en plus de ce forfait. Il existe cependant une exception à cette règle. Depuis 2009, le fisc accepte la combinaison entre une indemnité de défraiement forfaitaire et une indemnité de défraiement pour les déplacements réels. Cette dernière indemnité complémentaire est toutefois limitée à 2.000 kilomètres par an et par bénévole.

Outre son indemnité forfaitaire d'au maximum 1.308,38 € par an (exercice d'imposition 2014), un bénévole peut donc recevoir une indemnité de déplacement, limitée à un maximum de 2.000 kilomètres par an. En ce qui concerne les frais de déplacement mêmes, le bénévole peut récupérer les frais réellement engagés pour l'utilisation des transports publics. S'il recourt à son propre véhicule, l'indemnité est fixée à 0,3456 €/km pour les déplacements en voiture et à moto, et à 0,21 €/km pour les déplacements à vélo.

Cependant, le régime qui vient d'être mentionné ne vaut pas pour tous les bénévoles : d'autres règles s'appliquent à certains bénévoles du secteur sportif. Les indemnités octroyées à des joueurs, entraîneurs et collaborateurs au sein de clubs de sport amateurs, comme ceux de l'URBSFA, la Fédération royale belge de basket-ball, la Fédération flamande de volley-ball, etc. sont exonérées d'impôt, pour autant que l'indemnité ne dépasse pas 12,50 € par compétition. Les entraîneurs et les joueurs de première équipe, ainsi que tous les agents présents sur le terrain (arbitres, chronométreurs et commissaires de table) bénéficient en revanche du même régime d'exonération que celui des bénévoles et, partant, de 1.308,38 € par an exemptés d'impôt (exercice d'imposition 2014). En outre, les joueurs, les entraîneurs et les collaborateurs ont droit – au même titre que n'importe quel autre bénévole – à la même indemnité de déplacement exonérée. L'indemnité de déplacement allouée aux parents de joueurs tombe elle aussi sous le même régime d'exonération.

Les stewards, caissiers et contrôleurs de clubs de football de première division sont exonérés d'imposition si leur indemnité par compétition ne s'élève pas à plus de 25 € (pour les stewards et responsables de caisse), 20 € (pour les caissiers) et 12,50 € (pour les contrôleurs).

❂ Astuce n° 9 Devenez un sportif (semi-)professionnel

Les sportifs amateurs ne sont pas les seuls pour qui a été instauré un régime fiscal d'exception qui diffère de celui du citoyen lambda. Les sportifs (semi-)professionnels y ont aussi droit. Un régime d'exception est prévu pour les revenus de «jeunes» sportifs, c'est-à-dire qui ont entre 16 et 26 ans. Ces sportifs peuvent profiter d'un taux réduit de 16,5 % sur la première tranche de 18.520 € (exercice d'imposition 2014) de leurs revenus.

Quant aux sportifs «plus âgés» – de plus de 26 ans – ils ont également droit à un régime d'exception, mais uniquement s'ils pratiquent leur sport en tant qu'activité secondaire. C'est le cas lorsqu'un sportif exerce, outre son activité sportive, une autre activité professionnelle dont le revenu brut est supérieur à celui qu'il tire de son sport. Il peut alors profiter d'un taux réduit de 33 % sur la première tranche de 18 520 € (exercice d'imposition 2014) de ses revenus. Du reste, ce régime vaut aussi pour les arbitres, les entraîneurs et les accompagnateurs, pour ce qui est des revenus qu'ils tirent de leurs activités de formation, d'encadrement ou de soutien.

❂ Astuce n° 10 Faites une découverte

Les indemnités versées à des chercheurs et professeurs par des universités, hautes écoles et autres institutions scientifiques, à la suite de l'exploitation d'une découverte, font l'objet d'un régime fiscal plus avantageux. Sont notamment visés les inventions brevetables, les produits de culture, les dessins et modèles, ainsi que les programmes informatiques pour bases de données, qui peuvent être utilisés à des fins commerciales. Pour de telles découvertes, des chercheurs et des enseignants peuvent, sur la base d'un règlement relatif à la valorisation, recevoir une indemnité personnelle de l'institution scientifique qui les emploie. Cette indemnité est imposée à un taux fixe de 33 %. Et comme une déduction forfaitaire des frais de 10 % leur est accordée sur le montant brut perçu, seuls 90 % de l'indemnité sont imposés à ce taux de 33 %.

Comme les écrivains et les artistes, les chercheurs bénéficient d'une exonération d'impôt lorsqu'ils reçoivent des prix et des subventions. En cas d'octroi d'un prix ou d'un subside pour leur travail scientifique, un allègement fiscal de 3.760 € s'applique (exercice d'imposition 2014). Si ce montant limite est dépassé, un impôt séparé est prélevé sur le surplus au taux favorable de 16,5 %.

Certains prix et subsides dans le domaine scientifique sont toutefois totalement exonérés d'impôt. C'est le cas de ceux qui sont attribués par des institutions nationales et internationales reconnues par le Conseil des ministres. Il s'agit par exemple des subsides et prix octroyés par l'État, les communautés, les régions, les provinces, les communes et agglomérations, ainsi que les académies royales. Sont aussi totalement exemptés d'impôt, les subventions et prix octroyés par certaines institutions scientifiques, tels le Fonds de la recherche scientifique, l'Œuvre belge du cancer et la Fondation contre le cancer, ainsi que des universités et la Fondation Nobel.

Astuce n° 11 Assurez-vous d'être syndiqué lorsque vous faites grève

En cas de conflit au sein d'une entreprise, suivi d'une grève, les travailleurs affiliés à un syndicat touchent une indemnité de grève qui compense en partie la perte de salaire. Cette indemnité se situe autour des 30 € par jour et peut augmenter à mesure que dure la grève. Grâce à une concession administrative, les indemnités de grève que les syndicats versent à leurs membres sont exonérées d'impôt.

Astuce n° 12 Devenez cobaye et testez de nouveaux médicaments

Le développement de nouveaux médicaments requiert toute une série de tests. Ces tests sont d'abord menés en laboratoire et, au cours d'une dernière phase, sur des individus au sein de populations saines dans un premier temps, puis sur des patients qui souffrent des maladies pour lesquelles ces médicaments sont conçus. Avant que ces expériences n'aient lieu, les cobayes obtiennent une compensation qui dépend du test qu'ils devront subir. Or, la commission de ruling du SPF Finances a estimé, dans une décision du 25 mai 2010, que cette indemnité ne serait pas imposable.

❂ Astuce n° 13
Travaillez dans une agence locale pour l'emploi (ALE)

Chaque commune doit créer une agence locale pour l'emploi, dans le but de réintégrer dans le marché du travail les chômeurs de longue durée, les bénéficiaires du revenu d'intégration et certains bénéficiaires de l'aide sociale. Les travailleurs qui exercent des activités dans le cadre de cette agence sont liés par un contrat de travail ALE. Pour rendre ce système attrayant, la législation fiscale a prévu une exemption d'impôt de l'ordre de 4,10 € par heure prestée.

❂ Astuce n° 14
Travaillez dans le bâtiment

Dans le secteur de la construction, le Fonds de sécurité d'existence octroie une «indemnité de promotion» aux travailleurs. Il s'agit d'une intervention dans le remboursement d'un emprunt hypothécaire contracté par un ouvrier du secteur et en relation avec sa résidence principale. Cette indemnité de promotion est exonérée d'impôt jusqu'à concurrence de 383 €.

❂ Astuce n° 15
Devenez agent d'assurances

Les commissions qu'un agent d'assurances a touchées auprès de la compagnie d'assurances sur les contrats qu'il a lui-même conclus pour sa propre couverture de risques ne sont pas considérées comme des rémunérations imposables.

❂ Astuce n° 16 Devenez agent des postes ou fonctionnaire fiscal

Les indemnités dites «de caisse», qui sont allouées à un employé pour lui permettre de combler, le cas échéant, les pertes de fonds dont il est personnellement responsable, doivent d'ordinaire être ajoutées au montant brut des revenus professionnels, taxables dans le chef des bénéficiaires. Les indemnités de caisse octroyées aux guichetiers de la Poste et aux caissiers des administrations fiscales sont cependant censées correspondre forfaitairement aux pertes de caisse effectivement supportées par les intéressés et ne doivent pas être déclarées comme des revenus professionnels.

❂ Astuce n° 17 Devenez parent d'accueil

Selon leur statut actuel, les parents d'accueil perçoivent non pas un salaire, mais une indemnité de défraiement et une indemnité supplémentaire pour l'éducation et l'accueil flexible. Ces indemnités constituent par conséquent un revenu variable et comme elles ne sont pas considérées comme une rémunération sur le plan fiscal, elles ne sont pas imposables.

✪ Astuce n° 18
Devenez tuteur

Les indemnités allouées par le service des Tutelles du SPF Justice à des tuteurs désignés pour la prise en charge de mineurs sont en partie exonérées d'impôt. À l'heure actuelle, les indemnités versées à un tuteur volontaire ne sont pas taxables jusqu'à concurrence de 1 263,48 € par an, ce qui correspond à l'indemnité pour deux tuteurs. Les remboursements de frais réels, tels les frais de déplacement, sont quant à eux totalement exonérés d'impôt.

✪ Astuce n° 19
Devenez chercheur scientifique

Bénéficient également d'une exonération d'impôt totale les bourses de doctorat octroyées par des universités et établissements scientifiques à des chercheurs qui mènent exclusivement des recherches scientifiques.

✪ Astuce n° 20
Devenez un diplomate belge en poste à l'étranger

Outre leur salaire, les diplomates belges perçoivent une indemnité de poste. Elle couvre les frais de séjour et de mobilité, ainsi que les frais de représentation (personnel, résidence et véhicule de fonction). L'indemnité de poste peut être considérée à 92 % comme un remboursement de frais propres à l'employeur et, en tant que tel, ne constitue donc pas une rémunération imposable.

4.

LE FISC ET VOS REVENUS DU TRAVAIL : UNE RÉMUNÉRATION PLUS PROFITABLE SUR LE PLAN FISCAL PAR LE BIAIS D'AVANTAGES EN NATURE

Des avantages extra-légaux de toutes sortes viennent de plus en plus souvent s'ajouter au salaire de base des travailleurs. Une évolution qui ne doit rien au hasard. La plupart de ces formes de rémunération parallèles sont particulièrement attrayantes d'un point de vue fiscal et parafiscal, tant pour l'employeur que pour les travailleurs, et leur permettent de se soulager de l'énorme pression fiscale et parafiscale.

Aussi, une foule de packages salariaux sont désormais complétés par toute une série d'avantages : une voiture de société, un GSM ou un ordinateur professionnel, des chèques-repas, des parts dans la société ou des options sur actions, des assurances pension complémentaires, de petits avantages sociaux et des *new age benefits* (services de lavage et de repassage, service de courses ménagères, garde d'enfants ou abonnements de fitness). C'est justement en raison des privilèges fiscaux qu'elle permet de retirer qu'une autre forme de rémunération procure souvent un avantage financier considérable, en comparaison avec un salaire ordinaire.

Lorsqu'un employeur octroie des avantages en nature à un travailleur, le fisc les considère comme une forme de rémunération supplémentaire. Pour l'essentiel, cela veut dire que ces avantages doivent être imposés à leur valeur réelle. Ainsi, quiconque s'est vu offrir par son employeur une prime sous la forme d'un voyage pour assister à la Coupe du monde au Brésil doit en avoir conscience au niveau fiscal. En principe, la valeur réelle de ce voyage devra apparaître sur votre fiche fiscale et vous serez taxé sur cet avantage en tant que tel à l'impôt sur le revenu des personnes physiques. Cependant, certains avantages en nature sont totalement exonérés d'impôt ou ne sont pas imposés à leur valeur réelle, mais à une valeur forfaitaire.

Avantages en nature totalement exonérés d'impôt

Un certain nombre d'avantages en nature sont entièrement exemptés d'impôt. La plupart du temps, il s'agit d'avantages collectifs de faible valeur qui ne peuvent être individualisés et d'avantages menus ou de cadeaux de circonstance en témoignage de reconnaissance. Quelques exemples d'avantages exonérés :

- cadeau fait par une entreprise à l'occasion de son énième anniversaire (la commission de ruling du SPF Finances a déjà accepté qu'un vélo ou un iPod offert aux membres du personnel constitue un avantage exonéré);
- un cadeau offert à l'occasion d'un mariage ou d'une naissance est exonéré d'impôt, à condition que sa valeur soit inférieure à 200 €;
- repas servis à prix réduit dans le restaurant d'entreprise;
- utilisation des installations de l'entreprise (terrains et matériel de sport, salles de sport, de cinéma ou de théâtre, salles de réunion, etc.) par les membres du personnel qui exercent des activités de sport, de culture ou de loisirs;
- abonnements ou billets d'entrée à des manifestations culturelles ou sportives (concert, opéra, pièce de théâtre, compétitions sportives, etc.), distribués gratuitement ou à prix réduit au personnel;

- remboursement des frais d'étude aux membres du personnel qui suivent individuellement des formations complémentaires destinées à leur épanouissement ou perfectionnement personnel;
- séjour gratuit ou à prix réduit dans des établissements de vacances ou de délassement appartenant à l'entreprise;
- attribution de places non utilisées aux membres du personnel des compagnies de navigation aérienne;
- achat à prix réduit d'objets produits ou commercialisés par l'entreprise pour autant qu'il s'agisse d'achats effectués par les travailleurs pour leurs besoins strictement personnels et que ces achats portent sur des biens de consommation courante ou sur des biens durables d'un prix relativement modique (p. ex. une radio, une TV, une voiture d'un type courant, etc.);
- utilisation d'une crèche installée au sein de l'entreprise;
- chèques-culture, chèques-cadeaux, chèques-surprises et chèques-livres d'une valeur modique et attribués par une entreprise aux membres de son personnel, dans un but social évident et non comme une rémunération proprement dite pour prestations fournies (la valeur totale ne peut excéder 35 € par an et par travailleur et 105 € s'il s'agit d'un cadeau offert comme récompense spéciale ou à l'occasion d'une mise à la retraite).

Avantages en nature imposés forfaitairement

Pour certains avantages récurrents de toute nature, la législation fiscale a prévu un calcul forfaitaire. Dans ce cas, le fait que la valeur de l'avantage est inférieure à sa valeur réelle est sans importance. Le montant imposable correspond en tout état de cause au montant fixé de façon forfaitaire. Le travailleur peut donc en tirer un véritable bénéfice financier. Par exemple, s'il se voit mettre une voiture de société à sa disposition, il conviendra que l'avantage fiscal pour lequel il sera imposé n'est pas proportionnel au coût réel qu'il devrait supporter en achetant et en utilisant le même véhicule à titre privé. C'est donc à ce niveau que se situe le grand avantage d'une telle forme de rémunération parallèle.

Premier avantage L'usage (gratuit) d'un véhicule de société

Lorsqu'un travailleur reçoit de son employeur une voiture de société qu'il utilise également pour ses déplacements privés (y compris les déplacements domicile-lieu de travail), un avantage fiscal doit lui être accordé. Depuis le 1er janvier 2012, on calcule les avantages attribués à une voiture de société en appliquant un pourcentage CO_2 à six septièmes de la valeur catalogue du véhicule. Par «valeur catalogue», on entend le prix catalogue du véhicule à l'état neuf lors d'une vente à un particulier – options et taxe sur la valeur ajoutée réellement payée comprises – sans tenir compte des réductions, diminutions, rabais ou ristournes. La valeur catalogue est multipliée par un pourcentage qui est déterminé dans le tableau ci-dessous, afin de tenir compte de la période écoulée à partir de la date de la première immatriculation du véhicule :

- De 0 à 12 mois : 100 %
- De 13 à 24 mois : 94 %
- De 25 à 36 mois : 88 %
- De 37 à 48 mois : 82 %
- De 49 à 60 mois : 76 %
- À partir de 61 mois : 70 %

Le pourcentage de base CO_2 s'élève à 5,5 % pour une émission de référence-CO_2 de 115 g/km pour les véhicules à moteur alimenté à l'essence, au LPG ou au gaz naturel et pour une émission de référence-CO_2 de 95 g/km pour les véhicules à moteur alimenté au diesel. Lorsque l'émission du véhicule concerné dépasse l'émission de référence précitée, le pourcentage de base est augmenté de 0,1 % par gramme de CO_2, avec un maximum de 18 %. Lorsque l'émission du véhicule concerné est inférieure à l'émission de référence précitée, le pourcentage de base est réduit de 0,1 % par gramme de CO_2, avec un minimum de 4 %. L'avantage ne peut jamais être inférieur à 1.250 € (exercice d'imposition 2014) par an. Concernant le calcul de l'avantage, peu importe si le travailleur dispose ou non d'une carte carburant remise par l'employeur. Aussi l'avantage octroyé reste-t-il le même.

Représentation schématique :

Diesel	
	ATN par an = [5,5 % + (CO2 – 95) x 0,1 %] x prix catalogue (TVA et options incl.) x 6/7
Essence	
	ATN par an = [5,5 % + (CO2 – 115) x 0,1 %] x prix catalogue (TVA et options incl.) x 6/7
Électricité	
	ATN par an = 4 % x prix catalogue (TVA et options incl.) x 6/7

EXEMPLE

Un travailleur vit à 50 kilomètres de son lieu de travail. Comme rémunération parallèle, il dispose d'une voiture de société dont le moteur est alimenté au diesel. Coût : 25.000 €. Émission de CO_2 du véhicule : 130 grammes de CO_2 par kilomètre; son avantage imposable s'élève donc à : [5,5 % + (130 g de CO_2/km – 95) x 0,1)] x 25.000 € x 6/7, soit 1.928,57 €.

Si l'avantage n'est pas accordé gratuitement et que le travailleur doit participer aux frais du véhicule, l'avantage est alors réduit de la contribution du bénéficiaire de cet avantage.

Il convient de noter qu'un avantage imposable ne peut intervenir que si la voiture de société sert à des déplacements privés, y compris les trajets du domicile au lieu de travail. Si le véhicule est utilisé pour des déplacements professionnels uniquement, il n'est question d'aucun avantage imposable et, dans certains cas, cela ouvre des perspectives fiscales. Dans un ruling très discuté du 15 janvier 2013, le service de ruling du SPF Finances a estimé qu'il n'y a pas avantage imposable lorsqu'un dirigeant d'entreprise reçoit une Porsche Carrera de sa société et s'en sert exclusivement pour des déplacements professionnels. En l'occurrence, le dirigeant en question avait en plus acquis une voiture de sport MG F à titre privé et déclaré au service de ruling qu'il utilisait ce véhicule pour ses déplacements privés uniquement, ce qui a été accepté par le service de ruling.

Le régime susmentionné ne s'applique que si une voiture de société est mise à disposition. Si le travailleur reçoit de son employeur une moto ou un vélo à titre professionnel comme forme de rémunération complémentaire, le régime fiscal diffère du tout au tout. Lorsqu'une moto de société – un scooter, par exemple – est mise à la disposition du travailleur, l'avantage doit être calculé en fonction de la valeur réelle. Dans la pratique, on peut déterminer cet avantage en multipliant le total des frais engagés et le pourcentage d'utilisation privée. La situation est radicalement différente lorsque l'employeur met un vélo de société à la disposition de ses employés : l'avantage perçu est totalement exonéré d'impôt.

Deuxième avantage Le GSM, l'ordinateur ou la connexion Internet à titre professionnel

Lorsque le travailleur ne peut se servir de son GSM professionnel à des fins privées, il ne se passe rien du point de vue fiscal. En revanche, le fait de pouvoir l'utiliser à titre privé suppose une estimation de la valeur de l'avantage accordé. On calculera l'avantage fiscal en tenant compte du prix d'achat du GSM, de la valeur de l'abonnement, des factures de l'opérateur et de l'accord entre le travailleur et l'employeur quant à l'utilisation du téléphone portable. Lorsque le travailleur participe lui-même aux frais d'utilisation privée de son téléphone, ce montant sera déduit de l'avantage fiscal.

En général, cet avantage est fixé à 150 € par an, comme le veut une décision du service de ruling du SPF Finances datant du 20 décembre 2011. La législation fiscale prévoit également une estimation forfaitaire de l'avantage pour ce qui est de la mise à disposition d'un ordinateur et d'une connexion Internet. L'avantage imposable s'élève à 180 € par an pour un ordinateur et à 60 € par an pour une connexion Internet.

✪ Troisième avantage La mise à disposition d'un logement

En admettant que l'avantage consiste en la mise à disposition d'un logement, l'avantage imposable est calculé en fonction du revenu cadastral. Quand l'employeur est une personne physique, cet avantage est fixé à cinq tiers du revenu cadastral revalorisé. Quand l'employeur est une personne morale, l'avantage imposable s'élève à 100/60 du revenu cadastral indexé x 1,25 si le revenu cadastral est inférieur à 745 € et à 100/60 du revenu cadastral indexé x 3,8 si le revenu cadastral est supérieur à 745 €. S'il s'agit d'une habitation meublée, l'avantage imposable est majoré de deux tiers.

Et dans le cas où l'employeur intervient aussi dans le paiement des frais de chauffage et d'électricité, l'avantage imposable se monte à 840 € pour le chauffage et à 420 € pour l'électricité (exercice d'imposition 2014). Pour les membres du personnel de direction et les dirigeants d'entreprise, cet avantage est fixé respectivement à 1.870 € et 930 € (exercice d'imposition 2014).

EXEMPLE

Par son employeur, un travailleur dispose d'un appartement meublé dont le revenu cadastral s'élève à 1.500 €. L'employeur participe également aux frais de chauffage et d'électricité. Dans ce cas, l'avantage imposable se monte à :

(1.500 x 1,7073) x 100/60 x 3,8	16.219,66 €
+ 2/3 (avantage sous forme d'habitation meublée)	+ 10.813,11 €
+ (avantage sous forme de chauffage et d'électricité)	+1.260 €
	28.292,77 €

5.

LE FISC ET VOS REVENUS DU TRAVAIL : UNE RÉMUNÉRATION PLUS AVANTAGEUSE SUR LE PLAN FISCAL PAR LE BIAIS D'ACTIONS, DE CHÈQUES ET D'INDEMNITÉS DE DÉPLACEMENT

ACTIONS ET OPTIONS SUR ACTIONS

Un employeur peut également choisir d'attribuer à ses travailleurs des options sur actions, à titre de rémunération complémentaire. Dans ce cas, chaque travailleur se voit accorder le droit d'acheter un paquet d'actions à une date ultérieure et à un prix fixé d'avance. Bien entendu, le but est de pouvoir ensuite revendre l'action à un prix supérieur. Aussi, le fait d'octroyer des actions ou options sur actions est considéré comme un avantage de toute nature imposable.

L'attribution d'options sur actions peut également être très intéressante en termes de fiscalité. En effet, le travailleur est soumis à un impôt forfaitaire au moment de l'attribution des options. Autrement dit, il n'est pas imposé sur le bénéfice qu'il réalise lors d'une éventuelle vente des actions. Selon un calcul forfaitaire, la valeur de l'avantage imposable est fixée à 18 % de celle des actions sous-jacentes. Si la période au cours de laquelle l'option peut être exercée est supérieure à cinq ans, l'avantage forfaitaire est majoré de 1 % par année. Les taux de 18 % et 1 % sont réduits respectivement à 9 % et 0,5 % si les conditions suivantes sont réunies :

- le prix d'exercice de l'option a été fixé définitivement au moment de l'offre;
- l'option ne peut être exercée avant l'expiration de la troisième année ni après l'expiration de la dixième année qui suit celle au cours de laquelle l'offre a eu lieu;
- l'option ne peut être cédée entre vifs;
- le risque de dévalorisation des actions sur lesquelles porte l'option ne peut être couvert par la personne qui attribue l'option ni par une personne qui se trouve dans des liens d'interdépendance avec la personne émettrice;
- l'option doit porter sur des actions de la société au profit de laquelle l'activité professionnelle est exercée ou sur des actions d'une autre société qui a une participation directe ou indirecte dans la première.

EXEMPLE

Un travailleur se voit octroyer le droit d'acheter auprès de son employeur 20 actions au prix fixé d'avance de 500 €, pendant quatre ans. L'avantage imposable s'élève donc à 18 % de 20 x 500, soit 1.800 €. Si, deux ans plus tard, les actions sont cotées à 800 €, le travailleur peut lever l'option et vendre les actions immédiatement. Il réalisera alors une plus-value de 6.000 €. Et comme il aura déjà payé 1.800 € d'impôt lors de l'attribution de l'option, cette plus-value ne sera plus imposable.

CHÈQUES-REPAS, CHÈQUES-SPORT, CHÈQUES-CULTURE ET ÉCOCHÈQUES

Les chèques-repas constituent un des avantages de toute nature les plus répandus. Selon l'étude annuelle sur les salaires menée par SD Worx, ils sont octroyés à non moins de 56 % des employés et à

42,7 % des ouvriers. Si les chèques-repas profitent à l'employeur comme au travailleur, car aucune cotisation sociale ni aucun impôt sur le revenu ne sont dus sur ce moyen de paiement, ils sont en toute logique assortis d'un certain nombre de conditions. Ainsi, le nombre de chèques-repas attribués ne peut dépasser celui des jours de travail réellement prestés. La valeur maximale est fixée à 7 € dont 5,91 € à charge de l'employeur et 1,09 € à charge du travailleur (exercice d'imposition 2014). Si ces conditions sont réunies, les chèques-repas ne sont pas considérés comme une rémunération imposable, mais bien comme un avantage social en nature exonéré.

Les chèques-sport, les chèques-culture et les écochèques bénéficient également d'une exonération fiscale, du moins sous certaines conditions. Concernant les deux premiers types de chèques, elle est limitée à 100 € par an et par travailleur. Quant aux écochèques, le taux est fixé à 250 € par an et par travailleur.

INDEMNITÉS DE DÉPLACEMENT

Outre une voiture, une moto ou un vélo de société, l'employeur peut aussi choisir d'octroyer à ses travailleurs une indemnité de déplacement pour des trajets depuis et vers le lieu de travail. Dans certains cas, cette indemnité est exonérée fiscalement, si et seulement si le travailleur fait appel au système des frais professionnels forfaitaires et ne porte pas en compte ses frais professionnels réels au niveau fiscal.

D'une part, l'intervention financière de l'employeur dans l'utilisation des transports en commun (train, tram, bus et métro) pour les trajets du domicile au lieu de travail est totalement exonérée d'impôt. D'autre part, la participation de l'employeur aux frais de transport collectif organisé est exonérée, du moins jusqu'à concurrence du prix d'un abonnement de train en première classe pour la même distance. Le travailleur bénéficie également d'une exonération lorsqu'il perçoit une «indemnité vélo» en se rendant au travail à vélo. Cette indemnité est dans ce cas exonérée à hauteur de 0,22 euro par kilomètre (exercice d'imposition 2014). Enfin, lorsque l'employeur alloue une indemnité pour un autre moyen de transport depuis et vers le lieu de travail (p. ex. avec son propre véhicule, voire à pied), le montant exonéré ne peut excéder 380 € par an (exercice d'imposition 2014). Notez que la combinaison des exonérations fiscales applicables à des déplacements du domicile au lieu de travail reste possible.

EXEMPLE

Chaque jour de travail, un travailleur effectue le trajet suivant : il roule en voiture de son domicile à la gare, puis prend le train vers Bruxelles et, pour finir, parcourt sur son vélo pliable les trois derniers kilomètres qui le séparent de son lieu de travail. À supposer que l'employeur alloue au travailleur une indemnité de 50 € par mois pour ses déplacements en voiture, qu'il rembourse l'abonnement de train et lui verse une indemnité vélo de 0,22 € par kilomètre, l'exonération totale dont bénéficie le travailleur s'élève à :

- indemnité voiture : 50 € x 12 mois = 600 € dont 380 € exonérés d'impôt
- abonnement de train : totalement exonéré d'impôt
- indemnité vélo : totalement exonérée d'impôt

6.

LE FISC ET VOS REVENUS DU TRAVAIL : UNE RÉMUNÉRATION PLUS AVANTAGEUSE PAR LE BIAIS DE VOS FRAIS PROFESSIONNELS

Tout contribuable exerçant une activité professionnelle peut déduire de ses revenus professionnels ce que l'on appelle des frais professionnels. Il doit s'agir de frais engagés en vue d'acquérir ou de conserver des revenus professionnels. Deux systèmes permettent de récupérer des frais professionnels. Les salariés et appointés, dirigeants d'entreprise, conjoints aidants et personnes exerçant une profession libérale, titulaires d'un emploi ou d'un poste, ou encore bénéficiaires d'une autre activité lucrative peuvent profiter du forfait ordinaire de frais, qui leur donne droit à un montant déductible sans les obliger à démontrer qu'ils ont réellement fait des frais professionnels. Comme les commerçants, les industriels et les exploitants agricoles, ils peuvent également faire appel au système des frais professionnels réels, qui leur permet de déduire des frais, à condition de prouver que les frais en question correspondent effectivement à des frais professionnels.

FRAIS PROFESSIONNELS FORFAITAIRES OU FRAIS PROFESSIONNELS RÉELS

En matière de déduction de frais professionnels, les salariés et appointés, dirigeants d'entreprise, conjoints aidants et personnes exerçant une profession libérale, titulaires d'un emploi ou d'un poste, ou encore bénéficiaires d'une autre activité lucrative ont le choix entre le régime forfaitaire et celui des frais professionnels réels. La question qui se pose dès lors est de savoir lequel des deux est le plus intéressant pour eux. Avant d'y répondre, penchons-nous d'abord sur le calcul du forfait.

En ce qui concerne les employés et les personnes exerçant une profession libérale, le forfait est calculé en fonction des revenus bruts, sur la base du système de tranches suivant (exercice d'imposition 2014) :

- 28,7 % pour la première tranche de 5.650 €
- 10 % pour la tranche allant de 5.650 € à 11.220 €
- 5 % pour la tranche allant de 11.220 € à 18.670 €
- 3 % pour la tranche au-delà de 18.670 €

Le forfait de frais *maximal* s'élève à 3.900 € (un montant qu'on n'atteint qu'avec un salaire brut de 63.635 €). Les travailleurs qui vivent à 75 kilomètres au moins de leur lieu de travail bénéficient en plus d'un forfait complémentaire de 75 € (75-100 km), 125 € (100-125 km) et 175 € (plus de 125 km).

Quant aux rémunérations de *dirigeants d'entreprise* et de *conjoints aidants*, la législation fiscale a prévu un régime à part. Le forfait est moins avantageux pour ces catégories de personnes. Pour les conjoints aidants, le forfait s'élève uniformément à 5 % du revenu brut, avec un plafond de 3.900 € également. Pour les dirigeants d'entreprise, il s'élève à 3 % des rémunérations brutes, avec un plafond de 2.340 €.

Pour décider si vous feriez mieux de justifier vos frais réels plutôt que de faire appel au système des frais forfaitaires, vous devez donc vérifier si le montant de vos frais réels excède le forfait maximal qui s'applique à votre cas. Étant donné le montant limité du forfait, il est souvent bien plus intéressant pour de simples travailleurs d'opter pour les frais réels plutôt que pour le forfait.

Notez d'ailleurs que si vous possédez différents types de revenus – par exemple, des rémunérations en tant que salarié et des bénéfices en tant qu'indépendant à titre complémentaire – vous pouvez choisir entre le forfait et le système des frais réels pour chacun d'entre eux.

QUELS FRAIS SONT DÉDUCTIBLES ET LESQUELS NE LE SONT PAS ?

Quiconque touche des revenus professionnels peut décider de justifier ses frais et, donc, de les déduire de ses revenus professionnels bruts. L'idée selon laquelle cette prérogative est réservée aux indépendants uniquement n'est que pure rumeur : le salarié peut lui aussi justifier ses frais réels et en tirer un avantage fiscal. À la condition, toutefois, d'exercer une activité professionnelle. Aucune déduction de charges professionnelles ne vaut pour les pensions et les revenus de remplacement qui y sont assimilés, car on part du principe que de tels revenus sont acquis sans entraîner de frais spécifiques. Les chômeurs, en revanche, peuvent déduire des frais, notamment pour leurs déplacements à l'ONEM.

Seuls les frais engagés au cours de l'année calendrier et en lien direct avec l'activité professionnelle peuvent être défalqués en tant que frais professionnels déductibles. Si les frais ont un caractère mixte, seule la partie professionnelle entre en ligne de compte dans la détermination des frais professionnels. Des frais professionnels sont déduits *distinctement* pour chacune des différentes catégories de revenus professionnels. Notez enfin que certains frais, comme les frais de voiture, font l'objet d'une déduction partielle et que d'autres, comme les frais d'abonnement pour le raccordement à une centrale d'alarme autorisée dans des biens immobiliers, bénéficient d'une déduction supplémentaire.

❂ Astuce n° 1
Les frais liés à un bien immobilier

Tout bien immobilier utilisé à titre professionnel donne lieu à la déduction de frais professionnels. Et ceci ne concerne pas les seuls espaces purement commerciaux. De fait, si vous travaillez de temps à autre à la maison, vous pouvez aussi récupérer fiscalement une partie des frais liés à votre bien immobilier. C'est par exemple le cas d'un enseignant qui prépare ses cours à la maison.

Voici les frais qui peuvent en partie être récupérés fiscalement :

- l'acquisition et la rénovation ou la location du bien immobilier;
- le précompte immobilier;
- les équipements d'intérêt général (gaz, électricité et eau);
- l'entretien;
- l'assurance (incendie et vol).

Si vous envisagez de récupérer ces frais, ici aussi, montrez-vous raisonnable lorsque vous déterminez la clé de répartition entre la partie privée et la partie professionnelle de votre habitation. Un calcul de ce rapport sur la base de la surface constitue à cet égard un bon repère.

EXEMPLE

En 2010, vous avez acquis une habitation pour la somme de 250.000 €. Comme vous travaillez un jour par semaine à la maison, vous vous y êtes aménagé un bureau. La surface de cette pièce est de 20 mètres carrés et la surface bâtie totale de votre logement de 200 mètres carrés. Dans ce cas, vous pouvez récupérer fiscalement 10 % de vos frais de logement sous la forme de frais professionnels déductibles. Concernant l'achat, vous devez tenir compte de l'amortissement sur une période de 30 ans. Vous pourrez donc récupérer de l'argent chaque année, à un taux d'amortissement de 250.000 € x 1/30 x 10 % d'utilisation professionnelle, soit 833,33 €. De même, vous pourrez recouvrer annuellement 10 % des frais liés à votre bien immobilier, comme le chauffage, l'électricité, les intérêts sur un emprunt, etc.

La vigilance est toutefois de mise si votre employeur vous rembourse les frais de télétravail à domicile. En pareille circonstance, vous ne pouvez plus déduire vos frais.

Dans le cas de la location d'une maison également, vous pouvez en principe récupérer fiscalement une partie du loyer sous la forme de frais professionnels, si vous pouvez prouver que vous utilisez aussi le bien immobilier à titre professionnel.

Une autre question qui revient souvent est de savoir si la location d'un appartement ou d'un studio à proximité du lieu de travail peut constituer des frais professionnels déductibles. La réponse est «oui», si ce n'est que vous devez pouvoir démontrer que cette location est indispensable à votre travail. Cela peut être le cas si vous vivez loin de votre lieu de travail, si votre employeur vous oblige à vous en rapprocher ou si vous êtes susceptible d'être sans cesse appelé par votre employeur en dehors des heures de travail habituelles (p.ex. pour effectuer des réparations urgentes). Le loyer est alors déductible totalement, au titre de frais professionnels. Sur ce point, vous devez cependant tenir compte des clauses de votre contrat de bail. En effet, la plupart des contrats liés à un bail à loyer ordinaire stipulent que vous ne pouvez vous servir de votre logement à titre professionnel. Cette clause est due au fait que le propriétaire de l'habitation est imposé plus lourdement lorsque vous déduisez une partie du loyer en la faisant passer dans vos frais professionnels.

❂ Astuce n° 2 Les frais de voiture

Les frais relatifs aux voitures personnelles, voitures mixtes (station-wagons ou breaks), minibus et véhicules utilitaires légers «impropres» sont soumis à un régime à part. En vue de calculer les frais professionnels déductibles, il faut opérer une distinction entre les frais en lien avec les déplacements domicile-lieu de travail et ceux en lien avec les déplacements professionnels ordinaires.

Pour ce qui est des trajets du domicile au lieu de travail (c'est-à-dire les déplacements entre le domicile et le lieu de travail fixe), les frais de voiture sont fixés forfaitairement à 0,15 euro par kilomètre parcouru. Ce forfait vaut pour les salariés et les appointés comme pour les indépendants. Il couvre tous les frais de voiture directs et indirects, à l'exception des frais de financement (comme les intérêts sur un prêt auto) et des frais d'un mobilophone. Ces deux derniers ne sont pas compris dans le forfait et restent par conséquent entièrement déductibles.

Les frais pour autres déplacements professionnels (ou déplacements domicile-lieu de travail) doivent être prouvés réellement et ventilés en frais non déductibles (les déplacements privés), frais déductibles à 75 % et frais déductibles à 100 %.

Les frais liés au financement de l'acquisition d'une voiture sont entièrement déductibles, tout comme les frais liés à l'achat, à l'installation et à l'utilisation d'un mobilophone.

Quant à tous les autres frais de voiture, ils sont déductibles à 75 %. Cette limitation s'applique aux frais suivants :

- carburant
- taxes de circulation et de mise en circulation
- assurance (responsabilité civile, omnium, protection juridique, vol et incendie) du véhicule
- entretien et réparations
- cotisations versées à des services de dépannage en cas de problèmes techniques
- frais de parking, d'emplacements, de parcmètres, etc.
- péages pour autoroutes, tunnels, bacs, ponts, etc.
- amortissement du prix d'achat

La combinaison de différents systèmes de déduction fiscale complique souvent le calcul du montant des frais de voiture.

EXEMPLE

En 2012, un kinésithérapeute a acheté une nouvelle voiture à 40.000 €. Il se sert de son véhicule à 80 % à des fins professionnelles. En 2013, il a parcouru 40.000 kilomètres. Il vit à dix kilomètres de son cabinet et, en 2013, a travaillé 220 jours au total.

En 2013, il a fait les frais suivants :

amortissement de l'achat : (40.000 € x 20 %) :	8.000 €
carburant :	2.500 €
assurance :	1.000 €
entretien :	3.000 €

Ses frais de voiture déductibles s'élèvent à :

a) Déplacements domicile-lieu de travail :	
((10 km x 2 déplacements) x 220 jours) x 0,15 €/km =	660 €
b) Autres déplacements à titre professionnel	
Pourcentage d'utilisation professionnelle :	
nombre total de kilomètres parcourus :	40.000 km (100 %)
déplacements privés :	8.000 km (20 %)
déplacements professionnels :	32.000 km (80 %)
dont déplacements domicile-lieu de travail :	4.400 km (11 %)
déplacements professionnels à proprement parler :	27.600 km (69 %)
Frais pour autres déplacements professionnels :	
(14.500 € x 69 % d'utilisation professionnelle) x limitation de 75 % =	7.503,75 €
c) total des frais professionnels : 660 € + 7.503,75 € =	8.163,75 €

❂ Astuce n° 3 Les frais d'utilisation d'une moto à titre professionnel

Quiconque est lassé des embouteillages et préfère se rendre au travail à moto peut conclure une bonne affaire fiscale. De fait, les frais liés à des déplacements professionnels à moto restent pour le moment en dehors du statut des frais de voiture. Résultat : les frais de moto ne sont pas soumis à la limitation de

75 % ni au forfait de 0,15 € par kilomètre, pour ce qui est des déplacements du domicile au lieu de travail. Tous les frais de moto liés à des déplacements professionnels (tels l'amortissement du prix d'achat, les trajets domicile-lieu de travail, l'assurance, les taxes, le carburant et les vêtements de moto) sont entièrement déductibles. Il faut simplement opérer une répartition entre les frais d'utilisation privée et les frais d'utilisation professionnelle, afin de calculer le montant des frais déductibles.

Astuce n° 4 Les frais d'utilisation d'un vélo

Toute personne qui enfourche son vélo pour aller travailler peut bénéficier d'un régime particulier, conçu pour encourager les déplacements à l'aide de ce moyen de transport. Les déplacements à vélo du domicile au lieu de travail donnent droit à une déduction forfaitaire de 0,22 € par kilomètre. Et le plus beau dans tout ça : ceux qui se rendent au travail en tandem ont tous deux droit au même forfait !

Astuce n° 5 Les autres frais de transport

Celles et ceux qui partent au travail autrement qu'en voiture, à moto ou à vélo profitent également d'une déduction forfaitaire pour leurs frais de déplacement du domicile au lieu de travail. Cette déduction se monte également à 0,15 € par kilomètre, pour autant que la distance soit limitée à 100 kilomètres par trajet (soit un maximum de 200 kilomètres par jour). Ce régime vaut pour toute personne qui se rend au travail à pied, avec les transports publics ou en covoiturage.

Vous pouvez récupérer totalement comme frais professionnels les frais que vous faites en effectuant de simples déplacements professionnels avec les transports en commun (même exceptionnellement). À l'instar des frais de voiture, les frais liés à l'utilisation de taxis ou de voitures de location (y compris les véhicules de remplacement) pour vos déplacements professionnels ordinaires sont déductibles à 75 %.

Astuce n° 6 Les frais de bureau

La règle selon laquelle tous les frais de bureau sont déductibles fiscalement comme frais professionnels vaut aussi pour les personnes qui travaillent à la maison. Elle vise tous les frais suivants :

- téléphone, GSM et fax
- connexion et abonnement Internet
- fournitures de bureau (matériel d'écriture, cartouches d'encre, papier, timbres, photocopies, etc.)
- matériel (PC, ordinateur portable, tablette, scanner, imprimante, etc.) et logiciels
- mobilier de bureau

Notez qu'il faut, dans ce cas-ci également, faire la distinction entre la partie dédiée à l'utilisation privée et celle dédiée à l'utilisation professionnelle. Seule cette dernière peut faire l'objet d'une déduction fiscale. En ce qui concerne l'achat de mobilier de bureau, ainsi que de matériel et logiciels, tenez compte du fait que vous devez amortir ces frais. Vous ne pouvez donc pas les récupérer immédiatement dans leur totalité au cours de l'année d'achat, mais devez en répartir la déduction sur plusieurs années. En règle générale, une période d'amortissement sur dix ans et sur trois ans vaut respectivement pour le mobilier de bureau, et pour le matériel et les logiciels.

Astuce n° 7
Les frais d'études

Tous les frais qui permettent de perfectionner l'exercice d'un métier sont déductibles comme frais professionnels s'ils sont en rapport avec une activité professionnelle. Il importe que ces frais visent à conserver ou à améliorer la qualité des prestations professionnelles.

Frais concernés :

- voyages d'études, séminaires, cours, congrès et formations de spécialisation ou de perfectionnement
- documentation, littérature spécialisée et revues professionnelles

Les frais exposés pour une formation en vue d'un nouvel emploi ou d'un changement de carrière ne sont pas déductibles comme frais professionnels. En revanche, sous certaines conditions, le fisc accepte la déduction de frais engagés pour postuler un emploi. Ainsi, il est possible de faire valoir certains frais de candidature (p. ex. frais de déplacement) qui sont indispensables au maintien d'une allocation de chômage.

۞ Astuce n° 8
Les frais vestimentaires

La déduction des frais vestimentaires constitue un autre sujet de discussion permanente. Selon la règle générale en vigueur, seules les dépenses relatives à des vêtements professionnels spécifiques sont déductibles comme frais professionnels. Quant à savoir ce qu'il faut entendre exactement par «vêtements professionnels», cela reste à débattre avec l'administration fiscale. Quoi qu'il en soit, tous les vêtements de protection font certainement l'objet de frais professionnels déductibles. Entre autres équipements, il s'agit des casques, combinaisons et chaussures de protection. De même, les tenues vestimentaires propres à l'exercice de professions spécifiques sont visées par cette déduction de façon incontestable. À ce sujet, les médias ont récemment créé la sensation en révélant que les membres du groupe de pop ABBA portaient des costumes à paillettes uniquement pour bénéficier d'une déduction fiscale !

Les vêtements pouvant aussi être portés au quotidien en dehors du travail ne sont en principe pas considérés comme des frais professionnels déductibles. Toutefois, là encore, cette règle n'est pas absolue. Certains cas de jurisprudence ont en effet montré qu'on pouvait y déroger. Ainsi considère-t-on désormais que la tenue de sport (survêtement et chaussures de sport) d'entraîneurs et de professeurs de gymnastique professionnels est déductible dans une certaine mesure, à savoir un seul survêtement par année (scolaire). Une journaliste TV a même obtenu du tribunal qu'il entérine la déduction partielle de ses frais de coiffeur et vestimentaires, en faisant valoir qu'ils étaient essentiels à l'exercice de son métier.

Astuce n° 9
Les frais de restaurant

Les frais de restaurant figurent au hit-parade des frais professionnels. Ils peuvent être déduits à 69 % en tant que tels s'ils sont en rapport avec des repas professionnels.

Astuce n° 10
Les frais de sécurité

Les frais d'abonnement pour le raccordement à une centrale d'alarme autorisée dans des biens immobiliers utilisés à titre professionnel également font l'objet d'une catégorie à part. Ils sont en effet déductibles comme frais professionnels à concurrence de 120 %. Vous bénéficiez donc d'une déduction dont le montant est supérieur à celui du coût réel.

Astuce n° 11
Les frais d'adhésion à des associations

Les cotisations d'adhésion à toutes sortes d'associations peuvent également constituer des frais professionnels déductibles. Il ne s'agit pas seulement de celles que l'on verse à des organisations professionnelles ou des services-clubs, mais aussi à des clubs de sport et des associations culturelles. Certes, le fisc tentera souvent de contester ces cotisations, mais si vous parvenez à prouver que vous avez acquis des revenus imposables grâce à une telle adhésion, vous pourrez en principe récupérer fiscalement comme frais professionnels tous les frais liés à celle-ci. La plupart du temps, cependant, vous devrez aussi déterminer quelle partie de ces frais est dédiée à un usage professionnel et laquelle sert à titre privé. La cotisation à un club de golf ou de tennis peut difficilement être justifiée comme destinée à une utilisation 100 % professionnelle. En revanche, les cotisations que vous versez à votre syndicat constituent des frais professionnels entièrement déductibles.

Astuce n° 12
Les frais de garde d'enfants

Les dépenses engagées pour la garde d'enfants jusqu'à douze ans peuvent donner lieu à une réduction fiscale. Pour les enfants qui présentent un handicap lourd, cette limite d'âge est fixée à 18 ans. Si les frais de garde d'enfants sont entièrement déductibles, l'exonération n'en est pas moins limitée à 11,20 € par jour de garde. La déduction n'est accordée que dans la mesure où vous avez acquis un revenu professionnel et où les dépenses en question sont payées à des organismes reconnus par Kind en Gezin ou l'Office de la Naissance et de l'Enfance, ou bien à des garderies ou familles d'accueil indépendantes sous le contrôle des communautés, ou encore à des écoles maternelles ou primaires, ou à des organismes ou milieux d'accueil liés à l'école ou au pouvoir organisateur. La diminution d'impôt s'élève à 45 % des dépenses réelles, soit 5,04 € par jour de garde à votre profit.

❂ Astuce n° 13 Les titres-services et les chèques ALE

Les dépenses que vous affectez à des chèques ALE ou des titres-services donnent droit à une déduction d'impôts. Le montant pris en considération pour une réduction fiscale dans le chef du donneur d'ordre est plafonné à 2.720 € (exercice d'imposition 2014). La diminution d'impôt s'élève à 30 %. La déduction s'élève donc au maximum à 2.720 € x 30 %, soit 816 €.

❂ Astuce n° 14 Le prêt gagnant-gagnant en Flandre

Afin de stimuler l'entrepreneuriat, le gouvernement flamand accorde une réduction d'impôt pour l'octroi d'un prêt «gagnant-gagnant». Il s'agit d'un prêt consenti à des créateurs d'entreprise en Région flamande. Fixée à 2,5 % des montants prêtés, la déduction d'impôts annuelle est plafonnée à 50.000 €. Elle est accordée chaque année et maintenue pour toute la période du prêt gagnant-gagnant. L'avantage fiscal est donc assuré pendant huit ans.

❂ Astuce n° 15 Les libéralités déductibles

Les libéralités déductibles constituent un autre moyen d'alléger sa charge fiscale. Toutefois, seuls les dons à des institutions et autorités reconnues telles des universités, la Croix-Rouge, 11.11.11,

Kom op tegen kanker, etc. donnent lieu à une diminution d'impôt. La déduction de ces dons est en outre limitée. Elle est accordée à condition qu'ils atteignent au moins 40 € (exercice d'imposition 2014) et soient attestés par un reçu du donataire. La réduction d'impôt s'élève à 45 % des dons réellement versés. Le montant total des libéralités pour lesquelles un allègement fiscal est octroyé ne peut excéder 10 % de l'ensemble de vos revenus nets, avec un maximum absolu de 376.350 € (exercice d'imposition 2014).

7.

LE FISC ET VOS REVENUS DU PATRIMOINE : LES BIENS IMMOBILIERS

Les activités professionnelles ne sont pas les seules sources de revenus. Le patrimoine peut également en générer. Et cette forme de revenus est soumise à un régime fiscal qui, en dépit des mesures introduites par le gouvernement Di Rupo, reste relativement favorable en Belgique. Dès lors, quiconque parvient à se constituer un capital et à le faire fructifier réalise encore une affaire fiscale en or dans notre royaume.

Propriétaire d'un ou de plusieurs biens immobiliers rime souvent avec bonne affaire sur le plan financier. Dans notre pays, le fait d'investir dans un bien immobilier reste encore un bon placement financier, vu le caractère relativement stable du marché belge de l'immobilier. Si l'acquisition de biens immobiliers produit cependant des effets fiscaux, elle ouvre aussi des perspectives fiscales prometteuses.

LE REVENU IMPOSABLE DE BIENS IMMOBILIERS À USAGE PROPRE

Tout propriétaire d'un bien immobilier doit être conscient du fait qu'un revenu immobilier lui sera toujours compté. Même si ce bien ne rapporte rien financièrement, il fait l'objet d'un revenu immobilier qui sera imposé. Ce revenu immobilier est déterminé sur la base du revenu cadastral, si l'immeuble est situé en Belgique, ou de la valeur locative brute (le loyer annuel moyen brut qu'un immeuble procurerait à son propriétaire en cas de location pendant un an), diminuée des impôts étrangers sur ce bien. Dans les deux cas, c'est loin d'être une catastrophe en termes de fiscalité.

L'imposition sur la base du revenu cadastral qui s'applique à des immeubles belges est en réalité sous-évaluée. Le revenu cadastral correspond au *revenu net forfaitaire* que des biens immobiliers sont censés rapporter en un an, diminué des dépenses et des charges fixées forfaitairement à 40 % (pour des immeubles bâtis) ou à 10 % (pour des immeubles non bâtis). Les revenus cadastraux doivent en principe être réévalués tous les dix ans, mais cette révision n'a plus eu lieu depuis 1975. Résultat : les revenus cadastraux de nouvelles constructions sont, encore aujourd'hui, déterminés à l'aide des valeurs locatives qui avaient cours en 1975. Du fait que les revenus cadastraux en vigueur continuent à refléter les valeurs locatives au 1er janvier 1975, ils ont accusé un retard considérable par rapport aux valeurs locatives réelles actuelles.

Afin de compenser tant soit peu le fait que cette révision décennale se fait attendre, il a été décidé de recourir à une indexation annuelle. Ainsi donc, le coefficient d'indexation s'élève à 1,7073 pour l'exercice d'imposition 2014.

EXEMPLE

RC de 1.000 € x indice pour EI 2014 à 1,7073 = 1.707,3 €. Si, après indexation, le chiffre après la virgule est inférieur à 50, le montant est arrondi à l'unité inférieure. S'il est égal ou supérieur à 50, le montant est arrondi à l'unité supérieure. Dans ce cas, le RC s'élève à 1.707 €.

Pour les résidences secondaires et les biens d'investissement, le revenu cadastral indexé est majoré de 40 %.

EXEMPLE

Un contribuable possède une résidence secondaire sur la côte, dont le RC s'élève à 1.000 €. Cette propriété est utilisée par le contribuable même. Son revenu immobilier pour l'exercice d'imposition 2014 s'élève à (RC de 1.000 € x indice à 1,7073) + 40 % = (1.707) + 40 % = 2.389,8 €.

Le fait qu'un revenu immobilier soit fiscalement pris en compte pour des biens immobiliers à usage propre ne signifie pas forcément qu'un revenu immobilier sera imposé. Ainsi, le revenu immobilier de l'«habitation propre» (soit le logement que vous occupez de manière effective) est totalement exonéré d'impôt. Dans le seul cas où vous êtes en train de rembourser un emprunt pour ce logement, qui a été contracté avant le 1er janvier 2005, vous ne bénéficiez d'aucune exonération, mais d'une «déduction pour habitation propre» qui s'élève à 5.044 € (exercice d'imposition 2014) et revient de facto à un abattement.

Quant aux résidences secondaires, on applique à nouveau la règle suivant laquelle le revenu immobilier, en principe imposable, peut être diminué de la déduction des intérêts payés sur l'emprunt contracté pour l'acquisition ou la conservation d'un bien immobilier. Il ne doit pas s'agir nécessairement d'un emprunt hypothécaire. Cette déduction d'intérêts neutralise en général le revenu immobilier, si bien qu'on parle rarement d'imposition. Attention : sont visés uniquement les intérêts sur un emprunt contracté pour acquérir une habitation privée. Les intérêts sur un emprunt souscrit pour un bien immobilier aussi utilisé à titre professionnel sont déductibles comme frais professionnels.

Pour un bien immobilier situé à l'étranger, on applique la règle selon laquelle il est imposé sur la base non pas du revenu cadastral, mais de la valeur locative brute (le loyer annuel moyen brut que procurerait la location de l'immeuble pendant un an), diminuée des impôts étrangers sur ce bien. Cela ne pose aucun problème non plus, puisque cette forme de taxation est elle aussi neutralisée par l'application des conventions de double imposition. Par conséquent, si vous possédez un bien immobilier dans un pays avec lequel la Belgique a conclu une convention de double imposition (comme tous les pays de l'UE), seul ce pays-là pourra prélever des impôts. Dans ce cas, la Belgique devra renoncer à l'imposition de la valeur locative brute du bien immobilier situé à l'étranger. La valeur locative brute entrera alors en ligne de compte uniquement pour le calcul du taux global applicable aux revenus belges, mais ne sera pas imposée comme telle.

REVENUS GÉNÉRÉS PAR UN BIEN D'INVESTISSEMENT

Si vous êtes propriétaire d'un bien immobilier que vous mettez en location, la fiscalité diffère selon que le locataire à qui vous louez le bien l'utilise à des fins privées ou professionnelles.

Premier cas La location à titre privé

Le simple bail à loyer d'un bien immobilier situé en Belgique et utilisé par le locataire à titre privé uniquement est soumis au même régime fiscal que celui des résidences secondaires. Le loyer réellement perçu n'est donc pas pertinent, partant il n'est pas imposé, ce qui procure évidemment un formidable avantage.

Dans le cas d'une location meublée, le loyer est scindé en deux parties – immobilière et mobilière – ce qui ouvre à nouveau des perspectives en termes de fiscalité. Libre à vous de déterminer dans le contrat de bail quelle part du loyer est mobilière et laquelle est immobilière. En l'absence d'une telle répartition, le fisc part du principe que 40 % du loyer se rapportent à la partie mobilière de la location. Ce revenu mobilier peut ensuite être diminué d'un forfait de frais de 50 %. Notez qu'ici aussi, le revenu immobilier, en principe imposable, peut être diminué de la déduction des intérêts payés sur l'emprunt contracté en vue d'acheter ou de conserver un bien immobilier.

EXEMPLE DE BAIL À LOYER ORDINAIRE

En 2009, vous avez fait l'acquisition d'un appartement d'une valeur de 250.000 €. Vous avez contracté un emprunt de 100.000 € sur 15 ans. Ce logement, dont le RC est de 1.000 €, est loué. En 2013, vous avez perçu des revenus locatifs à hauteur de 9.600 € et remboursé 8.578,56 € (3.365,16 € d'intérêts et 5.213,40 € en capital) sur le montant emprunté. Votre revenu immobilier pour l'exercice d'imposition 2014 s'élève donc à : (RC de 1.000 € x indice à 1,7073) + 40 % = (1.707) + 40 % = 2.389,8 €. Ce revenu immobilier peut être diminué du paiement des intérêts sur votre emprunt, de sorte qu'il est totalement neutralisé au niveau fiscal. Par conséquent, votre appartement vous procure un rendement financier de 9.600 €, mais vous n'êtes nullement imposé.

EXEMPLE DE LOCATION MEUBLÉE

En 2009, vous avez acheté une seconde résidence sur la côte pour 250.000 €, grâce à l'héritage de votre père (donc, sans emprunt). Le RC de ce bien immobilier s'élève à 1.000 €. Cette résidence est régulièrement mise en location au printemps et en été. En 2013, vous avez perçu des revenus locatifs à hauteur de 9.000 €. Dans ce cas-ci, il s'agit d'une location mixte soumise au régime fiscal suivant :

Votre revenu immobilier pour l'exercice d'imposition 2014 s'élève donc à (RC de 1.000 € x indice à 1,7073) + 40 % = (1.707) + 40 % = 2.389,8 €.
Votre revenu mobilier pour l'exercice d'imposition 2014 s'élève donc à (9.000 € x 40 %) – 50 % de déduction forfaitaire = 1.800 €.

Au final, votre résidence secondaire vous rapporte 9.000 €, mais vous n'êtes imposé que sur 2.389,80 € de revenus immobiliers et 1.800 € de revenus mobiliers. Le revenu immobilier est taxé aux taux progressifs de l'impôt des personnes physiques. Un taux fixe de 15 % est d'application pour le revenu mobilier.

Pour des biens immobiliers loués à l'étranger à un locataire privé, on applique la règle suivant laquelle le revenu locatif réel et non le revenu cadastral doit être déclaré, déduction faite – cela s'entend – des impôts versés à l'étranger et d'un forfait de frais de 40 %. Votre revenu immobilier est dès lors réduit à 60 % environ de votre revenu locatif réel. Et à nouveau, on applique aussi la règle selon laquelle un impôt sera prélevé non pas en Belgique, mais à l'étranger uniquement, si l'immeuble est situé dans un pays avec lequel la Belgique a conclu une convention de double imposition. En l'absence d'une telle convention, l'impôt dû sur votre revenu immobilier étranger est diminué de moitié en Belgique.

Bien que l'imposition sur les revenus issus de la location privée demeure très intéressante en Belgique sur le plan fiscal, il faut tenir compte du fait que l'Europe a lancé, en mars 2012, une procédure à l'encontre de la Belgique, au motif de discrimination européenne. Un contribuable belge qui loue un bien immobilier en Belgique est imposé sur la base du revenu cadastral, là où un contribuable qui met un immeuble en location dans un autre État membre européen l'est sur le revenu locatif réel. Cette situation n'a pas l'heur de plaire à la Commission européenne, qui estime qu'elle est en violation du principe de non-discrimination européenne. Quiconque lit entre les lignes juridiques en comprendra très vite les implications : à terme, la Belgique devra elle aussi passer à un système de taxation basé sur le revenu locatif réel et non plus sur le revenu cadastral.

Second cas La location à titre professionnel

Pour des biens situés en Belgique et loués à titre professionnel, le revenu immobilier est déterminé sur la base du loyer perçu, le loyer brut étant toutefois diminué d'un forfait pour les charges et dépenses. Ce forfait s'élève à 10 % ou 40 % du loyer brut, qu'il s'agisse respectivement d'immeubles non bâtis ou de bâtiments. Le propriétaire qui loue un bâtiment est dès lors imposé sur 60 % du loyer réellement perçu, partant il profite d'une exonération fiscale de 40 %. Cette taxation est cependant assortie de certaines restrictions. Afin de contenir les loyers excessifs, la législation fiscale a prévu que la déduction forfaitaire de 40 % reste impérativement limitée à deux tiers du revenu cadastral «revalorisé». Le coefficient de revalorisation s'élève à 4,19 pour l'exercice d'imposition 2014.

EXEMPLE

Un immeuble commercial dont le RC se monte à 1.500 € est loué pour 20.000 € par an.

- Montant du revenu immobilier imposable :

    Loyer annuel – 40 % = 20.000 € x 40 % = 8.000 €

    Limitation de la déduction de 40 % : ≤ 2/3 du RC revalorisé

    = 1.500 € x 4,19 x 2/3 = 4.190 €

• Revenu immobilier pour 2013 (exercice d'imposition 2014)

20.000 € – 4.190 € = 15.810 €

et non 20.000 € – 8.000 € = 12.000 €

La limitation de la déduction forfaitaire des charges et dépenses vise à éviter que des loyers «excessifs» ne soient appliqués dans des situations où le propriétaire comme le locataire auraient un intérêt commun à fixer un loyer élevé. C'est par exemple le cas lorsqu'un gérant loue une habitation à sa propre société. En l'espèce, les deux parties ont tout intérêt à convenir d'un loyer élevé, vu qu'il sera entièrement déductible au titre de frais professionnels du côté du locataire et en général imposé à seulement 60 % dans le chef du loueur.

Dans le cas d'une utilisation en partie professionnelle et en partie privée par le locataire du bien immobilier, le revenu immobilier du propriétaire sera déterminé proportionnellement sur la base du revenu cadastral et du revenu locatif réel. Toutefois, la répartition de ce calcul n'est d'application que si le rapport entre la partie professionnelle et la partie privée du bien immobilier est arrêté dans un contrat de bail écrit et enregistré. Dans le cas contraire, le revenu immobilier du loueur est calculé dans sa totalité en fonction du revenu net réel.

EXEMPLE

Un bien immobilier dont le RC s'élève à 1.500 € est loué à un dentiste qui en fait un usage professionnel à 30 % et un usage privé à 70 %. Le contrat de bail a été enregistré. Le loyer annuel se monte à 10.000 €.

Revenu immobilier de la partie privée (méthode du revenu cadastral)

(1.500 € x indice de 1,7073) + majoration de 40 % =	2.561 € (arrondis)
2.561 € (arrondis) + 40 % =	3.585,40 €
3.585,40 € x 70 % d'utilisation privée =	2.509,78 €

Revenu immobilier de la partie professionnelle (méthode du revenu net réel)

10.000 € – 40 % =	6.000 €
- déduction forfaitaire limitée	
1.500 € x 4,19 x 2/3 =	4.190 €
- loyer net en 2013 (exercice d'imposition 2014)	
10.000 € – 4.000 € =	6.000 €
6.000 € x 30 % d'utilisation professionnelle =	1.800 €

Revenu immobilier total

2.509,78 + 1.800 =	4.309,78 €

Notez qu'ici aussi, le revenu immobilier, en principe imposable, peut être diminué de la déduction des intérêts payés sur un emprunt contracté en vue d'acheter ou de conserver un bien immobilier.

Pour des immeubles situés en dehors de la Belgique, on applique à nouveau la règle selon laquelle un impôt sera prélevé non pas en Belgique, mais à l'étranger uniquement, si l'immeuble est situé dans un pays avec lequel la Belgique a conclu une convention de double imposition. En l'absence d'une telle convention, l'impôt dû sur votre revenu immobilier étranger est diminué de moitié en Belgique.

PRÉCOMPTE IMMOBILIER ET TAXE COMMUNALE

Certes, la taxation des revenus réels de biens immobiliers est très raisonnable, voire souvent réduite à néant dans le cas d'une habitation propre ou avec charge d'emprunt. Il n'en demeure pas moins que vous devez tenir compte du précompte immobilier et de la taxe communale qui s'appliquent à tous les biens immobiliers situés en Belgique. Ces deux éléments viennent compenser en partie l'avantage fiscal que vous retirez au niveau des impôts sur les revenus.

Le précompte immobilier est un impôt régional sur les biens immobiliers, que vous devez payer chaque année, quel que soit l'usage du bien immobilier concerné (utilisation propre ou location). Il correspond à un pourcentage du revenu cadastral indexé, qui varie en fonction de la région, province et commune où le bien immobilier est situé.

Le précompte immobilier fait une sacrée différence quant au traitement fiscal de vos placements. Vous devez en tenir compte si vous envisagez d'investir dans l'immobilier, car cet impôt sera toujours dû, quand bien même aucun revenu immobilier ne serait imposable. Ce problème ne se pose pas lorsque vous investissez, par exemple, dans l'art ou dans l'or. C'est qu'en matière de placements, la «jouissance» d'un bien mobilier n'est pas imposée, contrairement à celle d'un bien immobilier.

Fixé par les régions, le taux de base du précompte immobilier s'élève à 2,5 % du revenu cadastral indexé en Région flamande et à 1,25 % du RC indexé en Région wallonne et dans la Région de Bruxelles-Capitale. Cet impôt de base, perçu au profit de la Région, ne représente qu'une fraction du précompte immobilier que vous devez payer. En plus de cet impôt de base, des centimes additionnels peuvent être prélevés par les provinces et les communes.

EXEMPLE

Vous possédez un appartement à Hasselt, dont le revenu cadastral est de 1.000 €. Votre précompte immobilier s'élève donc à :

Région flamande :	(1.000 € x 1,7073) x 2,5 % =	42,67 €
Centimes additionnels dans la province du Limbourg :	42,67 x 400/100 =	170,68 €
Centimes additionnels dans la ville de Hasselt :	42,67 x 1.350/100 =	576,04 €
	Total du précompte immobilier =	789,39 €

Autre point dont vous devez tenir compte : la taxe communale. Elle concerne notamment les résidences secondaires. La plupart des communes prélèvent en effet un impôt si personne n'est domicilié à l'adresse d'une habitation. Cela vient du fait que la commune ne peut dès lors percevoir un impôt complémentaire sur l'impôt des personnes physiques. Le montant de cette «taxe sur les secondes résidences» varie fortement d'une commune à l'autre et peut tout de même se situer entre 700 € et 800 € par an. Ce qui explique aussi pourquoi certains partenaires optent souvent pour la «séparation» de fait et se domicilient chacun de leur côté, dans l'espoir de pouvoir échapper de la sorte à cet impôt supplémentaire.

Pour terminer, la possession de biens immobiliers en dehors de la Belgique suppose des impôts étrangers sur le revenu immobilier, que vous devez bien sûr prendre en compte.

8.

LE FISC ET VOS REVENUS DU PATRIMOINE : LE CAPITAL

Concernant les revenus du capital, la Belgique applique encore aujourd'hui la règle selon laquelle ces revenus sont soumis à des taux fixes et non aux taux progressifs de l'impôt sur le revenu des personnes physiques. Ainsi donc, le principe général qui veut qu'en matière fiscale et en Belgique, les épaules les plus larges supportent les charges les plus lourdes, ne vaut pas pour quiconque a acquis ses revenus de capitaux et de biens mobiliers. Malgré la forte hausse qu'a connue l'imposition des revenus du capital et des biens mobiliers sous Di Rupo, la taxation applicable aux premiers reste nettement plus avantageuse que celle de vos revenus du travail. D'une part, il existe encore un certain nombre de revenus qui sont totalement exonérés d'impôt et, d'autre part, le taux s'élève au maximum à 25 % pour les revenus imposables, et ce, quel qu'en soit le montant.

Premier cas
Le compte-épargne et le compte à terme

Les Belges ont l'épargne dans le sang. En mars 2014, ils avaient mis de côté non moins de 250 milliards d'euros sur un livret d'épargne. Un chiffre qui tient du prodige, quand on voit le faible rendement des livrets d'épargne. Toujours est-il qu'économiser, c'est conclure une bonne affaire fiscale. En termes de fiscalité de l'épargne, les livrets sont très intéressants. De fait, les intérêts que rapporte votre compte d'épargne sont exonérés jusqu'à concurrence de 1.880 € (exercice d'imposition 2014) par personne. Au-delà de ce montant limite, les intérêts sont imposables, mais au taux de 15 % seulement. On peut dès lors, en tant que ménage, disposer d'un capital d'épargne de 250.000 € environ avant d'être imposé.

À l'heure actuelle, toutefois, l'exonération vaut uniquement pour les intérêts versés par des institutions financières belges. Cette situation n'est pas du goût de la Cour européenne de justice, qui a condamné la Belgique au motif de la discrimination que subissent les contribuables belges ayant aussi perçu des intérêts sur un compte d'épargne dans un autre État membre de l'Europe. Aussi, le gouvernement travaille aujourd'hui à une proposition qui vise à étendre le régime d'exonération aux comptes-épargne européens également.

Pour les dépôts à terme, c'est-à-dire les comptes avec une échéance ou un délai de préavis fixe, les choses se présentent différemment au niveau fiscal. S'ils offrent souvent un rendement supérieur à celui des comptes-épargne, les intérêts qu'ils génèrent sont aussi plus lourdement taxés. Non seulement l'exonération de 1.880 € (exercice d'imposition 2014) ne vaut pas pour cette forme d'épargne, mais le taux qui s'y applique est également plus élevé, à savoir 25 %.

Deuxième cas Les bons de caisse et les obligations

Les intérêts perçus sur les obligations et bons de caisse traditionnels, ainsi que sur les titres de même nature, sont pour le moment soumis à un précompte mobilier de 25 %. Une exception à cette règle : les «bons Leterme», des bons d'État émis pendant la période du 24 novembre 2011 au 2 décembre 2011 et souscrits au cours de cette même période. Les intérêts de ces bons d'État restent soumis à un taux fixe de 15 % pendant toute la durée de ces bons.

Troisième cas Le prêt-citoyen

Depuis janvier 2014, chacun peut également faire un placement en passant par ce que l'on appelle le prêt-citoyens. Le prêt-citoyens est un prêt sous la forme d'un bon de caisse ou d'un dépôt à terme d'une durée d'au moins cinq ans, dont le but consiste à collecter des capitaux en vue de réaliser des projets publics. Parmi ces entreprises figurent les classiques hôpitaux, maisons de repos, écoles, centres culturels et bibliothèques. Afin de garantir le succès de tels projets, la législation a prévu un régime fiscal préférentiel : les intérêts perçus sur un prêt de ce genre sont soumis à un précompte mobilier de 15 % et non de 25 %.

Quatrième cas Les assurances-vie

Au cours de ces dernières années, les assurances-vie – les fameuses assurances de la branche 21 et de la branche 23 – ont gagné en popularité auprès des investisseurs. Une assurance branche 21 se caractérise par un rendement garanti, majoré d'une participation bénéficiaire variable. Une assurance branche 23 n'offre pas de rendement garanti et est associée à un ou plusieurs fonds d'investissement. À nouveau, le succès de ces assurances-vie tient principalement à leur fiscalité. Sous certaines conditions, en effet, les revenus qu'elles génèrent sont entièrement exemptés de précompte mobilier.

Sont en l'occurrence visés les contrats d'assurance de la branche 21 et de la branche 23, dont la durée est supérieure à huit ans. Toutefois, si la durée du contrat est inférieure ou si vous souhaitez récupérer votre argent avant l'expiration de la période de huit ans, les revenus de l'assurance seront soumis à un précompte mobilier de 25 %. Vous avez tout de même besoin de l'argent avant que la période de huit ans n'arrive à échéance ? Vous pouvez encore échapper au précompte mobilier en concluant une assurance décès d'au moins 130 % des primes versées et en veillant à ce que vous soyez désigné dans le contrat comme, à la fois, le preneur, l'assuré et le bénéficiaire en cas de vie. Vous serez alors exempté de précompte mobilier, mais devrez évidemment vous acquitter d'une prime supplémentaire pour votre assurance décès, ce qui portera atteinte au rendement de votre placement. En outre, lorsque le preneur d'assurance décède pendant la durée du contrat, celui-ci est résilié sans qu'un précompte mobilier ne soit retenu dans le chef des héritiers.

L'exonération de précompte mobilier ne signifie pas pour autant que vous échappez totalement à la surveillance du fisc. Si les revenus d'une assurance-vie branche 21 ou branche 23 peuvent être exonérés, le fisc ne traîne jamais loin de la caisse avec une «taxe sur les primes». Cet impôt est retenu sur chacun des versements réalisés dans le cadre d'une assurance-épargne. À l'origine, cette taxe sur les primes s'élevait à 1,1 %, mais sous le gouvernement Di Rupo, elle a été relevée à 2 %.

Cinquième cas
Les actions

Quiconque a investi dans des actions reçoit en principe des dividendes annuels de la société. À l'heure actuelle, les dividendes sont imposés à un taux fixe de 25 %. Cette règle vaut non seulement pour les dividendes récurrents perçus chaque année, mais aussi pour la répartition des boni de liquidation à la suite de la dissolution et de la liquidation d'une société. Jusqu'il y a peu, ces boni de liquidation étaient soumis à un précompte mobilier de 10 %, qui a aussi été relevé à 25 % par le gouvernement Di Rupo depuis le 1er octobre 2014, au grand mécontentement des entrepreneurs belges.

Il existe tout de même quelques exceptions à cette règle. Le gouvernement Di Rupo a pris un certain nombre de mesures afin de stimuler l'économie. L'une d'entre elles prévoit un taux d'imposition moins élevé sur les dividendes. Ainsi, les dividendes issus d'actions nominatives créées à la suite d'un apport en numéraire après le 1er juillet 2013 sont taxés à un taux réduit (soit 20 %, soit 15 %). Alors que cette mesure visait à encourager l'épargne en direction des actions, elle est contestée devant la Cour constitutionnelle, car les actionnaires de sociétés constituées avant le 1er juillet 2013 subissent une discrimination fiscale par rapport aux actionnaires de sociétés créées après cette date.

9.

AVANTAGES FISCAUX DÉCOULANT DE L'ACQUISITION D'UNE HABITATION

Se constituer un capital reste encore l'une des meilleures garanties d'une retraite sans nuage. Il importe de penser aussi bien à la constitution de pension qu'à celle d'un capital, d'autant plus que la pression qui pèse sur les pensions légales va croissante. Aussi appelle-t-on la constitution de capital le «quatrième pilier des pensions». Une réalité dont le législateur fiscal a tenu compte. Notre régime fiscal comporte une foule d'avantages fiscaux qui incitent à la constitution de patrimoine et offrent des perspectives fiscales quant à la détention et à l'aliénation de patrimoine. Nous les présentons ci-après.

ACQUISITION D'UNE HABITATION PROPRE

Premier avantage
Les droits d'enregistrement réduits

L'achat d'un bien immobilier est soumis à des droits d'enregistrement. Cette imposition étant régionalisée, les droits d'enregistrement varient d'une région à l'autre. Dès lors, les régimes fiscaux préférentiels diffèrent eux aussi, selon que le bien immobilier acquis est situé en Région flamande, dans la Région de Bruxelles-Capitale ou en Région wallonne.

Acquisition d'une habitation propre en Flandre

Quiconque achète une habitation propre en Flandre peut bénéficier de ce que l'on appelle un abattement. Il s'agit d'une exonération fiscale de 15.000 € sur le prix d'achat, qui n'est donc pas soumise aux 10 % de droits d'enregistrement. Vous pouvez également en profiter lors de l'achat d'un terrain sur lequel vous comptez bâtir une habitation affectée à titre de résidence principale. Pour avoir droit à cet abattement, vous devez toutefois remplir un certain nombre de conditions au moment de l'acquisition. Et si vous achetez une habitation en couple, les deux partenaires doivent y satisfaire. Si l'un des acheteurs, voire les deux ne respectent pas l'une de ces conditions, ils perdent tous les deux le bénéfice de l'abattement.

Les principales conditions :

- Il doit s'agir d'un achat fait par des particuliers.
- Le logement ou le terrain à bâtir doit être situé en Région flamande.
- Les acheteurs ne peuvent ni séparément ni conjointement déjà jouir de la pleine propriété d'une habitation ou d'un terrain à bâtir.
- Les acheteurs doivent avoir établi leur résidence principale dans le bien immobilier en question dans les deux ans (pour une habitation) ou cinq ans (pour un terrain à bâtir) qui suivent l'achat.

Si vous réunissez ces conditions, vous avez droit à une exonération fiscale de 15.000 €. En outre, si vous avez contracté un emprunt hypothécaire pour l'achat d'une maison ou d'un terrain, vous pouvez bénéficier d'un complément d'abattement qui s'élève à 10.000 €. Ce dégrèvement complémentaire monte même à 20.000 € si vous faites l'acquisition d'une habitation modeste qui jouit d'un taux d'enregistrement réduit (revenu cadastral inférieur à 745 €).

EXEMPLE

Pour 250.000 €, vous achetez une habitation dont le revenu cadastral s'élève à 1.500 € et vous contractez un emprunt hypothécaire de 200.000 €. En Flandre, il faut verser 10 % de droits d'enregistrement sur l'achat, soit 25.000 € en l'espèce. Mais comme il s'agit de votre seul logement et que vous avez contracté un emprunt hypothécaire, vous avez droit à un abattement de 25.000 €. Vous ne devez donc ces droits que sur 225.000 €. Par conséquent, vous payez 22.500 € de droits d'enregistrement au lieu de 25.000 €, si bien que vous réalisez une économie d'impôts de l'ordre de 2.500 €.

Notez enfin qu'en Flandre, il existe aussi la possibilité de recourir en plus à un abattement de rénovation de 30.000 €, lorsque l'achat concerne un bien immobilier qui a été repris au moins quatre années consécutives dans le registre des immeubles inoccupés ou dans le registre des habitations inadaptées et/ou inhabitables et laissées à l'abandon. Vous obtenez alors une réduction d'impôt supplémentaire qui porte sur les droits d'enregistrement et s'élève à 3.000 € ou, dans le cas d'une habitation modeste, à 1.500 €.

Acquisition d'une habitation propre à Bruxelles

La Région de Bruxelles-Capitale encourage également l'acquisition d'une habitation propre en octroyant une diminution d'impôt sur les droits d'enregistrement. Ainsi, toute personne achetant une habitation pour y établir sa résidence principale et remplissant les mêmes conditions de base qu'en Région flamande (e. a. ne pas être propriétaire d'un autre logement) a droit à un abattement fiscal de 60.000 €. Et si l'achat concerne un bien immobilier situé dans l'espace de développement renforcé du logement et de la rénovation (EDRLR) ou dans le périmètre d'un contrat de quartier, cet abattement peut même monter jusqu'à 75.000 € (allez sur http://www.kopeninbrussel.irisnet.be/fr/calculez.htm pour vérifier si une habitation fait partie de l'EDRLR). Contrairement à la Flandre, Bruxelles ne fait aucune distinction quant à l'octroi de cet abattement, selon qu'un emprunt hypothécaire a été contracté ou non.

Cependant, la région assortit cette réduction d'impôt de conditions supplémentaires. L'acquéreur doit notamment rester domicilié au même endroit pendant cinq ans, sans quoi il devra rembourser l'abattement fiscal dont il aura bénéficié. Une condition qui n'est pas d'application en Flandre. En outre, l'abattement accordé à Bruxelles vaut uniquement pour l'achat d'une habitation. L'acquisition d'un terrain à bâtir ou d'une habitation vendue sur plan est donc exclue de ce régime, mais non celle d'un appartement en construction ou vendu sur plan. Vous pouvez toujours bénéficier de l'abattement ultérieurement si, au moment de l'achat, vous êtes encore propriétaire d'une autre habitation et vendez celle-ci dans les deux ans.

EXEMPLE

Pour 250.000 €, vous achetez une habitation dont le revenu cadastral s'élève à 1.500 € et vous contractez un emprunt hypothécaire de 200.000 €. À Bruxelles, il faut verser 12,5 % de droits d'enregistrement sur l'achat (10 % en Flandre), soit 31.250 € en l'occurrence. Mais comme il s'agit de votre seul logement, vous avez droit à un abattement de 60.000 €. Vous ne devez donc ces droits que sur

190.000 €. Par conséquent, vous payez 23.750 € de droits d'enregistrement au lieu de 31.250 €, si bien que vous réalisez une économie d'impôts de l'ordre de 7.500 €. Cela reste encore sensiblement plus cher qu'en Flandre, où l'application du régime d'abattement vous permettrait dans ce cas d'économiser 22.500 € de droits d'enregistrement.

Si toutefois votre habitation se situe dans un EDRLR, l'abattement s'élève à 75.000 € à Bruxelles. Vous payez donc ces droits sur 175.000 €, ce qui vous revient à 21.875 €. Dans ce cas-ci, l'achat devient plus avantageux qu'en Flandre sur le plan fiscal.

Notez enfin que la Région de Bruxelles-Capitale ne pratique plus de taux réduit pour l'acquisition d'une habitation modeste, ce qui n'est pas le cas de la Flandre et de la Wallonie.

Acquisition d'une habitation propre en Wallonie

À l'heure actuelle, la Région wallonne ne prévoit aucun régime d'abattement spécifique. Fixé à 12,5 %, le taux est ici aussi relativement élevé, ce qui n'empêche pas que des taux réduits puissent être appliqués à l'achat d'une habitation, moyennant un emprunt hypothécaire et auprès d'une société de logement social (10 %), ainsi qu'à des habitations modestes (6 %).

EXEMPLE

Pour 250.000 €, vous achetez une habitation dont le revenu cadastral s'élève à 1.500 € et vous contractez un emprunt hypothécaire de 200.000 €. En Wallonie, il faut verser 12,5 % de droits d'enregistrement sur l'achat, soit 31.250 €, le montant de l'impôt dû, faute de régime d'abattement. Pour une habitation de la même valeur, vous payez donc, en Wallonie, 8.750 € de plus qu'en Flandre et 7.500 € de plus qu'à Bruxelles. Des sommes qui ont de quoi faire réfléchir...

❂ Deuxième avantage La reportabilité des droits d'enregistrement

Outre le régime d'abattement, la Flandre a prévu un système de reportabilité des droits d'enregistrement pour ce qui est des habitations propres. Ce que cela signifie concrètement : vous achetez pour la première fois une habitation en Flandre, dans laquelle vous établissez votre résidence principale et bénéficiez d'un abattement. Ensuite, à chaque fois que vous en achetez une autre, également située en Flandre et dans laquelle vous déménagez votre résidence principale, les droits d'enregistrement payés antérieurement peuvent être reportés sur la prochaine acquisition. Les droits d'enregistrement payés lors de l'acquisition de la précédente habitation peuvent alors être déduits de ceux que vous devez payer lors de l'acquisition d'une nouvelle habitation. Ce système ne s'applique toutefois que si l'ancienne habitation et la nouvelle se situent en Flandre.

Le système de reportabilité des droits d'enregistrement, qui n'existe donc qu'en Flandre, se décline en deux variantes : une reportabilité par imputation et une autre par restitution. La reportabilité est en outre limitée à 12.500 €.

Concernant le système de reportabilité par imputation, vous devez avoir vendu votre première habitation avant d'acheter la nouvelle. Dans ce cas, vous pouvez imputer immédiatement les droits d'enregistrement de votre première acquisition (max. 12.500 €) sur ceux que vous devez payer pour votre nouvelle habitation ou votre nouveau terrain à bâtir. C'est pourquoi la reportabilité par imputation est aussi appelée «système AVA» (achat 1, vente 1, achat 2).

Dans le système de reportabilité par restitution, vous achetez d'abord la nouvelle habitation ou le nouveau terrain à bâtir, puis vendez l'immeuble précédent. Dans ce cas-ci, vous devez d'abord vous acquitter de la totalité des droits d'enregistrement sur votre nouvelle acquisition. Dès le moment où vous vendez votre première habitation, les droits d'enregistrement sont restitués (max. 12.500 €), d'où l'autre nom de la reportabilité par restitution, «système AAV» (achat 1, achat 2, vente 1).

La reportabilité des droits d'enregistrement est par ailleurs soumise à d'autres conditions. Dans le système AVA, la première habitation doit avoir servi de résidence principale pendant la période d'au moins 18 mois qui précède la revente de ce bien. De plus, l'acquisition de la nouvelle habitation ou du nouveau terrain à bâtir doit avoir lieu dans les deux ans qui suivent la vente de l'ancien immeuble. L'/Les acquéreur(s) doit/doivent établir sa/leur résidence principale dans l'immeuble acheté dans les deux ans (pour une habitation) ou dans les cinq ans (pour un terrain à bâtir) qui suivent l'acquisition.

Dans le système AAV, la première habitation doit avoir servi de résidence principale pendant la période d'au moins 18 mois qui précède l'achat de la nouvelle habitation ou du nouveau terrain à bâtir. De plus, la vente du premier immeuble doit avoir lieu dans les deux ans qui suivent l'achat du nouvel immeuble. Ici aussi, l'/les acquéreur(s) doit/doivent établir sa/leur résidence principale dans l'immeuble acheté dans les deux ans (pour une habitation) ou dans les cinq ans (pour un terrain à bâtir) qui suivent l'acquisition.

EXEMPLE AVA

En 2003, vous achetez une habitation pour la somme de 200.000 €. Les droits d'enregistrement sur ce bien se montent à 20.000 €. En 2013, vous revendez cette habitation pour 400.000 €. En 2014, vous achetez une nouvelle habitation à 450.000 €. Les droits d'enregistrement sur ce bien s'élèvent en principe à 45.000 €. Vous avez déjà payé 20.000 € sur la première habitation, des droits d'enregistrement que vous pouvez immédiatement imputer jusqu'à concurrence de 12.500 € sur ceux que vous devez pour la nouvelle acquisition. Vous devez donc encore payer 32.500 € (45.000 € – 12.500 €).

EXEMPLE AAV

En 2003, vous achetez une habitation pour la somme de 200.000 €. Les droits d'enregistrement sur ce bien se montent à 20.000 €. En 2014, vous achetez une nouvelle habitation à 450.000 €. Les droits d'enregistrement sur ce bien s'élèvent en principe à 45.000 €. Vous devrez vous en acquitter, mais une fois que vous aurez vendu votre première habitation dans les deux ans qui suivent l'achat de votre nouvelle habitation, vous récupérerez 12.500 € sur les droits d'enregistrement de votre précédente acquisition.

Troisième avantage
Le bonus logement

L'achat d'une habitation propre n'est pas seulement favorisé par les droits d'enregistrement. Il l'est aussi par des régimes fiscaux préférentiels qui s'appliquent à l'impôt sur le revenu des personnes physiques. Comme nous l'avons vu précédemment dans la partie consacrée aux revenus immobiliers, le revenu cadastral d'une habitation propre est totalement exempté d'impôt. En plus de cette exonération, vous pouvez vous voir octroyer un bonus logement (ou déduction pour habitation propre et unique) dans le cadre de l'impôt des personnes physiques, si vous avez contracté un emprunt hypothécaire afin d'acquérir une habitation propre. Pour en bénéficier, vous devez bien entendu satisfaire à certaines conditions, à commencer par la suivante : vous devez emprunter pour acheter ou faire rénover une habitation «propre» et «unique». Cela signifie surtout qu'au 31 décembre de l'année de conclusion de l'emprunt, vous ne devez pas jouir de la propriété d'une autre habitation (sauf s'il s'agit d'un bien immobilier reçu en héritage) et vous devez réellement habiter dans l'immeuble en question – en d'autres termes, vous devez y établir votre résidence principale. Si vous et votre partenaire achetez une habitation et contractez un emprunt à cet effet, les conditions sont évaluées individuellement dans le chef de chaque partenaire. Il est donc tout à fait possible qu'un seul des deux ait droit au bonus logement. Autre condition : vous devez avoir contracté l'emprunt après le 1er janvier 2005. Si vous ne remplissez pas ces conditions au 31 décembre de l'année au cours de laquelle l'emprunt a été conclu, vous n'avez pas droit au bonus logement. Une fois ce bonus octroyé, il continue à courir jusqu'à l'expiration de l'emprunt, et ce, même si vous achetez une résidence secondaire par la suite et qu'il ne serait dès lors plus question d'habitation «unique» au sens strict.

Le bonus logement est limité. Tous les intérêts, amortissements de capital et primes d'assurance de solde restant dû que vous avez dû verser font en principe l'objet d'une déduction dans le cadre de ce bonus, dont le montant est cependant limité à 2.260 € (exercice d'imposition 2014). Ce montant est majoré de 750 € (exercice d'imposition 2014) durant les dix premières années de l'emprunt, à moins que vous n'achetiez une deuxième habitation au cours de cette même période. Bénéficie également d'une majoration supplémentaire de 80 € (exercice d'imposition

2014) toute personne ayant trois enfants au 1er janvier de l'année qui suit celle de la conclusion de l'emprunt. Cela signifie que la déduction pour habitation propre et unique peut s'élever jusqu'à 3.090 € (exercice d'imposition 2014) par contribuable. Si vous avez contracté un emprunt avec votre partenaire afin d'acheter ou de faire rénover une habitation, vous pouvez – en tant que couple – récupérer au maximum 6.180 € (exercice d'imposition 2014). Il s'agit là d'une déduction fiscale qui diminue votre base de revenus imposables. Votre avantage financier concret dépend de la tranche d'imposition la plus élevée sur laquelle vous serez imposé. Il variera donc entre 25 % et 50 % de votre bonus logement, soit au maximum entre 772,5 € et 1.545 €.

Le bonus logement s'est entre-temps retrouvé dans l'œil du cyclone de la réforme de l'État. Il a été appliqué une dernière fois comme déduction fiscale fédérale, dans la déclaration pour l'exercice d'imposition 2014, selon le système qui vient d'être décrit plus haut. Conséquence de la sixième réforme de l'État, la situation a changé depuis l'exercice d'imposition 2015. Dans l'accord politique à ce sujet, il a en effet été décidé que le bonus logement serait une compétence régionale et non plus fédérale, et ce, dès 2014. Les régions peuvent maintenir l'avantage fiscal existant, mais il n'est pas certain qu'elles le feront effectivement et qu'elles en auront les moyens financiers. Dans l'attente d'une décision politique des régions, il a été convenu d'appliquer le bonus logement non plus comme une déduction fiscale, mais comme une réduction d'impôt régionale à un taux fixe de 45 %. Depuis 2015, les régions peuvent chacune adapter ce régime. Si la politique en la matière reste inchangée, le bonus logement permettra à chaque contribuable d'obtenir une réduction d'impôt jusqu'à un maximum de 1.390,5 €.

Quatrième avantage Le prêt rénovation

Autre régime fiscal préférentiel, qui n'existe toutefois qu'en Flandre : le prêt rénovation. Dans le cadre de l'impôt des personnes physiques, la Flandre octroie une réduction d'impôt spéciale à quiconque prête de l'argent à un (petit-)enfant, un membre de la famille ou un(e) ami(e) qui souhaite rénover un bien immobilier figurant au registre des habitations inoccupées ou laissées à l'abandon, ou encore inadaptées ou inhabitables, pour ensuite y habiter. Cette diminution d'impôt s'élève à 2,5 % du montant prêté, avec un maximum de 25.000 €. Elle se chiffre donc tout au plus à 625 € par an et se poursuit durant toute la période de la convention et aussi longtemps que l'emprunteur établit sa résidence principale dans l'habitation.

Cela va de soi, cet allègement fiscal est assorti d'un certain nombre de conditions. Ainsi l'immeuble doit-il figurer, au moment de la conclusion de la convention de rénovation, dans le registre des immeubles inoccupés, dans l'inventaire des sites d'activité économique désaffectés ou abandonnés, ou encore sur la liste des habitations inadaptées ou inhabitables, ou des bâtiments ou habitations laissés à l'abandon. Après sa rénovation, le bien immobilier doit servir de résidence principale à l'un des emprunteurs au moins, pendant huit ans minimum. En outre, la convention de rénovation ne peut s'étendre sur une période de plus de 30 ans.

EXEMPLE

Le 1er mars 2010, vous prêtez 50.000 € à votre fils sur une période de 20 ans, afin qu'il puisse rénover son habitation. L'allègement fiscal est calculé sur la moyenne des montants que vous mettez à disposition chaque année, le 1er janvier et le 31 décembre. Au cours de la période entre 2011 et 2029, vous avez droit, en tant que prêteur, à une réduction d'impôt de 625 €, soit 2,5 % sur une base imposable de 25.000 € et non 35.000 €. La base d'imposition est en effet plafonnée à 25.000 €.

ACQUISITION D'UNE RÉSIDENCE SECONDAIRE OU D'UN BIEN D'INVESTISSEMENT

Les acquéreurs d'une habitation propre ne sont pas les seuls à pouvoir bénéficier d'une déduction fiscale. Ceux qui achètent une résidence secondaire ou un bien d'investissement et contractent un emprunt à cet effet ont également droit à un avantage fiscal. Comme indiqué précédemment, les intérêts que vous payez sur un emprunt destiné à acquérir ou conserver un bien immobilier peuvent être déduits des revenus immobiliers. En plus de cette déduction, vous avez droit à une diminution d'impôt de 30 % dans le cadre de l'épargne à long terme et notamment sur l'amortissement de capital payé sur un emprunt. Cet allègement fiscal vaut aussi pour l'acquisition d'un bien immobilier à l'étranger, du moins pour autant que ce bien soit situé dans l'Espace économique européen (formé par les 28 pays de l'Union européenne, y compris l'Islande, le Liechtenstein et la Norvège). Il est par ailleurs exigé que le contrat d'emprunt s'étende sur une période d'au moins dix ans.

Les montants de l'amortissement de capital entrent en ligne de compte pour la réduction d'impôt, à condition qu'ils n'excèdent pas 15 % de la première tranche imposable de 1.900 € (exercice d'imposition 2015) de l'ensemble des revenus professionnels et 6 % des autres tranches, avec un maximum de 2.280 € (exercice d'imposition 2015). De plus, ces montants sont pris en considération pour une réduction à condition qu'ils portent sur la première tranche de 76.110 € (exercice d'imposition 2015) du montant initial des emprunts contractés pour l'habitation.

EXEMPLE

En 2003, un contribuable a contracté un emprunt de 50.000 € afin d'acquérir une résidence secondaire. En 2014, il a perçu des revenus professionnels à hauteur de 70.000 €. Son taux moyen s'élève à 42,37 %. Au cours de la même année, il a amorti 10.000 € de capital sur un emprunt hypothécaire contracté pour sa résidence secondaire. Sa réduction d'impôt s'élève à :

Base :	15 % jusqu'à 1.900 €	285 €
	6 % jusqu'à 70.000 €	4.086 €
TOTAL :		4.371 € à limiter à 2.280 €
	Réduction d'impôt :	2.280 € x 30 % = 684 €

Notez enfin que ce régime a été maintenu après la sixième réforme de l'État. Le gouvernement a décidé que l'achat d'une résidence secondaire ou d'un bien d'investissement avait trait à la «constitution de pension», une matière qui est et restera fédérale. Quant à l'acquisition d'une habitation propre, le gouvernement estime qu'elle se rapporte au «logement», qui est désormais une compétence exclusivement régionale depuis la sixième réforme de l'État.

10.

AVANTAGES FISCAUX DÉCOULANT DE LA PROPRIÉTÉ D'UNE HABITATION

Notre régime fiscal ne renferme pas seulement des incitants fiscaux destinés à l'acquisition d'un immeuble personnel. D'autres ont été mis en place par le gouvernement, afin d'encourager dans une certaine mesure l'entretien et la rénovation de biens immobiliers.

Premier avantage La protection vol et incendie

L'installation d'une protection contre le vol ou l'incendie dans une habitation donne droit à un allègement fiscal. Cette diminution d'impôt s'applique à toute personne qui met en place une protection incendie ou anti-effraction, dans une habitation située dans l'Espace économique européen. Il est à noter que cette réduction vaut non seulement pour les propriétaires, mais aussi pour les locataires. Au maximum 750 € (exercice d'imposition 2014) par année calendrier et par habitation sont pris en considération pour cet allègement fiscal. Celui-ci s'élève à lui seul à 30 %, si bien que l'avantage fiscal peut se chiffrer à 250 € tout au plus.

Notez par ailleurs que, depuis 2014, cette réduction d'impôt est devenue la compétence des régions, dans le sillage de la sixième réforme de l'État. À ce jour, on ne sait pas encore si les régions la maintiendront ou non dans sa forme actuelle. Cet allègement fiscal constitue une compétence régionale qui porte sur l'habitation propre comme sur la résidence secondaire ou le(s) bien(s) d'investissement du contribuable.

Second avantage L'isolation du toit

Les aides fiscales octroyées pour des dépenses faites en vue d'économiser l'énergie ont été réduites de façon drastique sous le gouvernement Di Rupo. Ainsi, l'installation de panneaux photovoltaïques, d'un double vitrage ou d'une nouvelle chaudière ne donne plus lieu à une déduction fiscale. Seule l'isolation des toitures donne encore droit à une réduction d'impôt. Comme celui qui s'applique à la protection contre le vol, cet allègement fiscal vaut autant pour le propriétaire que pour le locataire d'une habitation. Au maximum 2.930 € (exercice d'imposition 2014) par année calendrier et par habitation sont pris en considération pour cette réduction. Celle-ci s'élève à elle seule à 30 %, si bien que l'avantage fiscal peut se chiffrer à 879 € tout au plus. Cette mesure fiscale préférentielle est elle aussi devenue une compétence régionale depuis la sixième réforme de l'État.

11.

AVANTAGES FISCAUX DÉCOULANT DE LA VENTE D'UN BIEN

Quiconque vend un bien le fait la plupart du temps avec une plus-value. D'où la question de savoir si cette plus-value est également imposable. Il n'est pas si facile d'y apporter une réponse qui, du reste, dépend du type de bien qui a permis de réaliser la plus-value.

VENTE D'UN BIEN MOBILIER : PLUS-VALUE SUR ACTIONS

En Belgique, on applique encore la règle suivant laquelle la plus-value réalisée sur la vente d'actions privées est exonérée fiscalement. C'est d'ailleurs l'une des principales raisons qui poussent tant de Français et de Néerlandais à venir s'établir dans notre pays. Il convient pourtant de faire remarquer que la vente d'actions avec une plus-value n'entraîne pas forcément une exonération fiscale.

En règle générale, la plus-value sur actions n'est pas imposable, à condition que la vente cadre avec une gestion normale du patrimoine privé. Dans le cas contraire, cette plus-value est alors considérée comme un revenu divers et, partant, imposée à un taux fixe de 33 %. De là une autre grande question qui se pose concrètement : dans quels cas parle-t-on d'une gestion «normale» et d'une gestion «anormale» ? Hélas, cette question est du même calibre que celle qui consiste à se demander ce qu'est une sexualité normale ou anormale. Et à ce genre de question, on ne peut apporter de réponse claire. Toujours est-il que l'administration fiscale estime que des opérations boursières s'inscrivent d'ordinaire dans un contexte de gestion normale du patrimoine privé, même s'il est question d'acquisitions et de ventes répétées. Concernant les titres non cotés en bourse, le fisc se montre en général plus sévère. La disproportion entre le prix d'achat et le prix de vente, le délai entre l'achat et la vente, ainsi que la structure financière mise en place en vue d'acquérir les actions peuvent alors représenter un problème, quand il s'agit d'évaluer si la gestion du patrimoine privé est normale ou anormale.

Outre une vente d'actions anormale, la plus-value réalisée lors de la vente d'une *participation substantielle* est imposable en tant que revenu divers, soit à un taux de 16,5 %. On parle de participation substantielle lorsqu'un particulier vend ses actions dans une société belge au sein de laquelle il détient (avec sa famille) une participation de plus de 25 %, et qu'il réalise une plus-value en vendant sa participation à une personne morale établie en dehors de l'Espace économique européen.

VENTE D'UN BIEN IMMOBILIER : PLUS-VALUE SUR DES TERRAINS ET BÂTIMENTS

Quiconque vend un bien immobilier en réalisant une plus-value peut tout aussi bien échapper totalement à l'impôt, pour autant qu'il respecte certaines conditions.

La vente avec plus-value d'une parcelle de terrain issue d'un patrimoine privé ne peut être imposée que si le terrain est vendu dans les huit ans qui suivent l'achat. Si le terrain est vendu après cette période, le vendeur peut bénéficier d'une exonération fiscale.

Dans le cas où la parcelle n'aurait pas été achetée, mais reçue par donation, la plus-value peut être soumise à l'impôt, si la parcelle est vendue dans les trois ans qui suivent la donation et dans les huit ans qui suivent l'acquisition par le donateur. Toute plus-value acquise au cours de cette période peut être imposée à un taux fixe de 33 %, si elle est réalisée pendant les cinq premières années suivant l'achat, ou à un taux de 16,5 %, si elle est réalisée entre la cinquième et la huitième année suivant l'achat.

La législation fiscale prévoit un régime similaire pour les bâtiments, si ce n'est que la plus-value acquise sur l'«habitation propre» reste exonérée d'impôt. Lors de la vente d'un bâtiment, la plus-value peut être imposée uniquement si la vente en question a lieu dans les cinq ans qui suivent l'achat. Si le bâtiment est acquis par donation, la vente doit avoir lieu dans les trois ans qui suivent la donation. Lorsque vous avez vendu un bien immobilier que vous avez vous-même fait ériger, la plus-value n'est imposable que si les travaux de construction ont débuté dans les cinq ans suivant l'acquisition du terrain, et que l'ensemble a été aliéné dans les cinq ans suivant la date de la première occupation ou location de l'immeuble. Si une plus-value a été réalisée au cours de cette période, elle est imposable à un taux fixe de 16,5 %.

La plus-value acquise sur un terrain ou un bâtiment peut donc être imposée uniquement si la transaction a eu lieu respectivement dans les huit ans ou cinq ans. Mais quand bien même la plus-value aurait été réalisée au cours de la période imposable, ce ne serait pas si grave. En effet, la détermination du montant imposable ne s'appuie pas sur le simple exercice qui consiste à déduire le prix d'achat du prix de vente pour calculer la plus-value. Dans cet exercice, le prix d'achat est rectifié et majoré d'un forfait de 25 %

et de 5 % par année entière écoulée depuis l'achat. Ce calcul fait que vous devez déjà avoir réalisé une sérieuse plus-value avant de vous voir imposé.

EXEMPLE

Le 10 mai 2008, un contribuable achète une parcelle de terrain pour 150.000 €. Il la revend à 240.000 € le 23 juin 2013, réalisant par là une plus-value de 90.000 €. Comme la vente a lieu dans les huit ans qui suivent l'achat, cette plus-value est en principe imposable.

La plus-value imposable est toutefois calculée comme suit :

Prix de vente :	240.000 €
– Prix d'achat rectifié :	150.000 €
+ 25 % =	37.500 €
+ 5 % par an =	55.650 €
=	243.150 €

En l'espèce, le prix d'achat rectifié est supérieur au prix de vente et aucune plus-value n'est imposable. Imaginons à présent que la parcelle soit vendue à 250.000 €. Il y aurait dans ce cas une plus-value imposable de 6.850 €. Et elle serait imposable à 16,5 %, comme la vente a lieu après la période de cinq ans qui suit l'achat.

12.

LE FISC ET VOTRE SUCCESSION : LA DONATION D'UN BIEN MOBILIER

Ce n'est désormais un secret pour personne : le fisc rôde dans le coin, à chaque étape de votre vie. Au moment où vous acquérez un revenu, où vous vous constituez un capital, où vous préparez votre pension.

Loin d'en rester là, le fisc se tient prêt – le jour où vous disparaissez – à porter un dernier coup fiscal, celui des droits de succession. Et sur le plan financier, ce coup-là peut être rude pour vos descendants. C'est que les taux applicables à ces droits atteignent des niveaux épouvantables et peuvent, en ligne directe entre parents et enfants, se hisser à 27 % en Flandre et à 30 % à Bruxelles et en Wallonie. Si vous léguez votre patrimoine à des personnes sans lien familial avec vous, ces taux grimpent à 65 % en Flandre, voire – tenez-vous bien – à 80 % à Bruxelles et en Wallonie.

Il n'est donc pas étonnant que le Belge – astucieux – cherche à échapper à cet impôt par tous les moyens imaginables. Ce qui est tout à fait possible, du reste, sachez-le. Si vous vous attelez suffisamment tôt à la planification de votre succession et respectez certaines règles de jeu, vous pouvez faire en sorte que vos descendants héritent de votre patrimoine sans le moindre souci fiscal et sans verser un seul cent en droits de succession. Le droit successoral belge ne vous autorise pas à déshériter vos enfants. En revanche, vous pouvez défavoriser d'autres personnes totalement ou en partie, comme le fisc.

On peut dès lors penser que les droits de succession sont, au fond, la punition de ceux qui ont péché par imprévoyance et n'ont pas pris les mesures nécessaires pour mettre leur patrimoine à l'abri, après leur décès.

Par ailleurs, la croyance selon laquelle «les riches» sont les seuls à pouvoir se permettre une telle planification est une idée reçue. En effet, la plupart des techniques de planification successorale s'offrent à tous et ne sont pas réservées qu'à de rares privilégiés.

LES DROITS DE DONATION : TOUJOURS PLUS AVANTAGEUX QUE LES DROITS DE SUCCESSION

La principale technique pour échapper aux droits de succession consiste à faire don de vos biens au cours de votre vie. Vos descendants ne devront alors en principe des droits de succession que sur le patrimoine qui subsistera après votre mort. Par conséquent, si vous veillez à ce qu'il ne vous reste plus aucun bien au moment de partir, il n'y aura plus rien à hériter, ni pour vos enfants ni même pour le fisc.

Oui, mais – penserez-vous – si je cède tous mes biens, il ne me restera plus rien non plus. C'est vrai, mais vous pouvez parfaitement transmettre votre patrimoine et, partant, le mettre hors d'atteinte du fisc, tout en faisant le nécessaire pour, par exemple, continuer à vivre dans un bien immobilier ou à toucher chaque année tous les revenus d'un portefeuille d'investissement.

Une donation entraîne des conséquences fiscales dans certains cas, mais en échange, les droits de donation restent toujours plus avantageux que les droits de succession retenus lorsqu'on n'a rien arrangé.

Premier cas
Le don manuel ou par transfert bancaire

Si vous cherchez à éviter l'impôt en léguant votre patrimoine à vos descendants, vous pouvez effectuer, encore aujourd'hui, un don manuel ou par transfert bancaire. Dans le premier cas, vous faites don des biens de la main à la main sans autre formalité et, dans le second, vous virez le montant d'un compte à l'autre. Le don par virement bancaire permet de transférer de l'argent ou des titres, tandis que le don manuel peut servir à des meubles, des œuvres d'art, une remise de dette, etc.

Si cette transaction peut vous paraître facile, vous ne devez pas moins être attentif à certains détails.

Pour commencer, le don manuel ou bancaire ne vaut que pour des biens mobiliers, qui plus est «impersonnels». Ainsi, des actions ou chèques nominatifs ne peuvent être transmis via cette technique. Ensuite, il doit apparaître de façon claire qu'il s'agit d'une donation, c'est-à-dire que la volonté de donner doit être présente et que les biens sont par conséquent réellement transmis.

Enfin, vous devez aussi tenir compte des droits de succession. Un don manuel ou bancaire a beau être exempté de droits de donation, si le donateur décède dans les trois ans de la donation, des droits de succession seront retenus sur la valeur des biens donnés. En Flandre, ce délai est porté à sept ans pour la donation d'entreprises familiales et d'actions d'une société familiale (voir plus loin). En tant que donataire, vous devrez donc prouver au fisc qu'il s'est écoulé plus de trois (ou sept) ans depuis la donation.

Il existe plusieurs procédés à cet effet. La technique qui reste très prisée à l'heure actuelle est celle des lettres recommandées par lesquelles le donateur comme le donataire se confirment réciproquement la donation. Autre méthode populaire : faire acter la donation devant un notaire néerlandais ou suisse. Au contraire des actes de donation établis devant un notaire belge, ceux qui le sont devant un notaire néerlandais ou suisse ne doivent pas obligatoirement être enregistrés, si bien qu'aucun droit de donation n'est retenu.

Deuxième cas La donation ordinaire

Comme les dons manuels et bancaires, les dons ordinaires sont totalement exonérés d'impôt et ne peuvent être soumis à des droits de succession. Seule différence avec les deux premiers types de donation : la donation ordinaire ne doit répondre à aucune condition et se rapporte à des dons faits en certaines occasions comme, par exemple, Noël et Nouvel An, une naissance, un anniversaire, etc.

Du fait que ces dons sont négligeables par rapport aux revenus du donateur, ils n'entrent pas dans le champ d'application du délai de trois ans au cours duquel le donateur doit rester en vie.

La question qui se pose toutefois est de savoir ce que l'on entend exactement par «donation ordinaire». Dans la pratique, on estime seulement que la valeur d'un tel don doit être évaluée au regard du patrimoine du donateur. Un examen qui se fait au cas par cas, naturellement. Si un multimillionnaire fait don de 10.000 € à sa fille au Nouvel An, ce don pourrait tomber sous le coup d'une donation ordinaire, ce qui ne sera pas forcément le cas chez la plupart des autres personnes.

Troisième cas La donation enregistrée

Comme indiqué précédemment, un don de la main à la main ou par transfert bancaire n'est pas sans risque sur le plan fiscal. Si le donateur décède dans les trois ans qui suivent la donation, le donataire devra en effet s'acquitter de droits de succession sur le bien reçu. Et vu les taux d'imposition très élevés qui ont trait à ces droits, le cadeau pourrait bien se révéler empoisonné.

Vous ne souhaitez pas courir un tel risque ? Pourquoi ne pas opter dans ce cas pour une donation enregistrée ? À l'inverse d'un don manuel ou bancaire, vous devez certes verser des droits de donation, mais ceux-ci sont relativement limités en comparaison des droits de succession. De plus, le paiement de droits de donation annule le délai de trois ans. Par conséquent, même si le donateur décède dans les trois ans de la donation enregistrée, plus aucun droit de succession ne sera prélevé.

La donation enregistrée vous permet donc tout à fait de faire don de vos biens sur votre lit de mort, pour autant que vous payiez des droits de donation. Ainsi donc, vos descendants sont à l'abri des droits de succession onéreux sur les biens mobiliers donnés.

Vous ne devez pas vous décider sur-le-champ quant au choix du type de donation – manuelle, bancaire ou enregistrée. Ainsi, vous pourriez très bien effectuer une donation manuelle et décider par la suite de la faire tout de même enregistrer au cours de la période de trois ans qui suit la donation si, par exemple, vous deviez souffrir d'une maladie incurable.

Les taux des droits de donation applicables diffèrent d'une région à l'autre et sont déterminés par le lieu de résidence du donateur. Si le donateur réside en Flandre, ce seront les taux de cette région qui s'appliqueront, quand bien même le donataire vivrait à Bruxelles, en Wallonie ou à l'étranger.

En Région flamande et dans la Région de Bruxelles-Capitale, le droit de donation sur des biens mobiliers s'élève à 3 % pour les dons en ligne directe (grands-parents, parents, enfants, petits-enfants, etc.) et ceux effectués entre époux et entre cohabitants. Dans tous les autres cas de donation mobilière, comme entre frères et sœurs, oncles et tantes, neveux et nièces et entre personnes sans lien familial, ce taux passe à 7 %. Par ailleurs, le montant de la donation n'a aucune importance : qu'il s'agisse de 5.000 € ou de 5 millions d'euros, le taux reste le même – 3 % ou 7 %.

La Région wallonne, de son côté, ne pratique pas les mêmes taux. Pour des biens mobiliers, elle prélève un impôt de 3,3 % sur une donation en ligne directe et entre conjoints ou cohabitants; 5,5 % sur une donation entre frères et sœurs, oncles et tantes ou neveux et nièces et 7 % dans tous les autres cas. Ces taux restent néanmoins bien plus avantageux que ceux des droits de succession.

EXEMPLE

Pierre Janssens est célibataire et a indiqué dans son testament qu'il léguait sa collection d'art d'une valeur de 300.000 € à son meilleur ami. À la mort de Pierre, des droits de succession à hauteur de 175.000 € seront prélevés en Flandre. Si Pierre vivait à Bruxelles ou en Wallonie, ces droits s'élèveraient respectivement à 198.750 €, voire 218.125 €.

En revanche, si Pierre fait don de sa collection manuellement, aucun impôt ne sera dû. Toutefois, s'il décède dans les trois ans de la donation, les droits de succession devront être payés dans leur totalité.

S'il donne sa collection moyennant une donation enregistrée, il devra s'acquitter de 21.000 € en droits de donation. S'il décède dans les trois ans de la donation enregistrée, plus aucun droit de succession ne sera prélevé. La dette fiscale totale reste donc limitée à 21.000 €.

Quatrième cas
La donation d'une entreprise «familiale» ou d'actions d'une société «familiale»

En principe, des droits de donation sont retenus sur une donation enregistrée telle que décrite plus haut. Cependant, ce n'est pas toujours le cas. Depuis 2012, en effet, la donation enregistrée d'une entreprise familiale ou d'actions d'une société familiale est totalement exonérée de droits de donation en Flandre, et ce, quels que soient le lien de parenté entre le donateur et le donataire, et la valeur de l'entreprise ou des actions.

Le donateur comme l'entreprise doivent toutefois remplir quelques conditions de base, afin que cette exonération soit accordée.

Tout d'abord, le donateur doit avoir eu sa résidence fiscale en Région flamande pendant la majeure partie des cinq ans précédant la donation.

En outre, la législation fiscale met l'accent sur l'existence d'une activité d'exploitation au sein de l'entreprise. Une condition que ne remplit pas une société patrimoniale qui assure exclusivement la gestion de biens immobiliers ou de parts.

En ce qui concerne la donation d'actions d'une société familiale, la société doit avoir un caractère familial. C'est le cas lorsque le donateur détient la pleine propriété de 50 % des actions avec droit de vote. Cette participation peut baisser à 30 % des actions, à condition que le donateur détienne, avec un seul autre actionnaire, au moins 70 % des actions de la société ou s'il détient la pleine propriété, avec deux autres actionnaires, d'au moins 90 % des actions. Lors du calcul des différentes participations, on tient également compte des actions détenues par la famille – le conjoint ou le partenaire cohabitant du défunt ou actionnaire, soit les parents en ligne directe.

Afin de conserver le bénéfice de l'exonération, il importe en outre que l'activité de l'entreprise ou de la société soit poursuivie pendant encore au moins trois ans après la donation. Si ces conditions ne sont pas réunies, toute donation peut toujours s'effectuer au taux réduit ordinaire (3 % ou 7 %) qui s'applique aux dons de biens mobiliers.

La Région wallonne prévoit elle aussi une exonération pour la donation d'entreprises familiales et d'actions d'une société familiale, si ce n'est que les conditions ne sont pas toujours identiques à celles de la Région flamande. En Région wallonne, par exemple, il est déjà question de société familiale dès lors que le donateur détient une participation de 10 % dans une société. D'un autre côté, 75 % des emplois de l'entreprise doivent être maintenus pendant cinq ans. Quant à la Région de Bruxelles-Capitale, elle ne prévoit aucune exonération, mais applique le taux réduit de 3 %.

13.

LE FISC ET VOTRE SUCCESSION : LA DONATION D'UN BIEN IMMOBILIER

❂ Premier cas La donation par tranches

Contrairement à des biens mobiliers, des biens immobiliers ne peuvent être transmis qu'au moyen d'une donation enregistrée. Une telle opération reste soumise à des droits de donation et, en l'occurrence, seuls des taux progressifs s'appliquent. Cela implique que le taux augmente à mesure que la valeur du bien immobilier grimpe et que le degré de parenté entre le donateur et le donataire s'affaiblit. À titre illustratif, vous trouverez ci-dessous les taux applicables dans les différentes régions à la donation d'un bien immobilier en ligne directe et entre conjoints. Ces taux ne sont pas à sous-estimer.

FLANDRE : TAUX POUR DONATION EN LIGNE DIRECTE ET ENTRE ÉPOUX

de	à	taux
0,01 €	12.500 €	3 %
12.500 €	25.000 €	4 %
25.000 €	50.000 €	5 %
50.000 €	100.000 €	7 %
100.000 €	150.000 €	10 %
150.000 €	200.000 €	14 %
200.000 €	250.000 €	18 %
250.000 €	500.000 €	24 %
au-delà de 500.000 €		30 %

BRUXELLES : TAUX POUR DONATION EN LIGNE DIRECTE ET ENTRE ÉPOUX

de	à ... inclus	taux
0,01 €	50.000 €	3 %
50.000 €	100.000 €	8 %
100.000 €	175.000 €	9 %
175.000 €	250.000 €	18 %
250.000 €	500.000 €	24 %
au-delà de 500.000 €		30 %

WALLONIE : TAUX POUR DONATION EN LIGNE DIRECTE ET ENTRE ÉPOUX

de	à	taux
0,01 €	12.500 €	3 %
12.500 €	25.000 €	4 %
25.000 €	50.000 €	5 %
50.000 €	100.000 €	7 %
100.000 €	150.000 €	10 %
150.000 €	200.000 €	14 %
200.000 €	250.000 €	18 %
250.000 €	500.000 €	24 %
au-delà de 500.000 €		30 %

EXEMPLE

Une personne qui souhaite faire don de sa résidence secondaire (300.000 €) à son enfant devra payer 38.625 € de droits sur ce bien, en Flandre et en Wallonie, et 37.750 € à Bruxelles. Si elle fait don d'un portefeuille d'investissement de la même valeur à son enfant, moyennant une donation enregistrée, elle ne devra payer que 9.000 € de droits de donation. Quiconque souhaite favoriser ses enfants fait bien de se demander si le bien immobilier les intéresse. Si ce n'est pas le cas, mieux vaut vendre l'immeuble pour ensuite faire don du produit de cette vente aux enfants. Cette option-là est bien plus profitable sur le plan fiscal.

En raison des droits élevés qui s'appliquent à la donation de biens immobiliers, il n'est souvent pas évident, financièrement, de se résoudre à une telle aliénation. C'est pourquoi l'on recherchera, dans la pratique, des solutions qui permettent de contourner ce genre de problème. Une des méthodes les plus répandues est celle de la donation par tranches. Dans le cadre de cette pratique, le bien immobilier n'est pas transmis en une seule fois, mais en plusieurs tranches. La donation par tranches permet d'éviter les taux progressifs des droits de donation. Seul hic de cette astuce : trois années doivent s'écouler entre chaque tranche. En cas de non-respect de cet intervalle, le fisc considère qu'il s'agit d'une seule et même donation, ce qui entraîne l'application des taux élevés.

EXEMPLE

Une personne qui souhaite faire don de sa résidence secondaire (300.000 €) à son enfant devra payer 38.625 € de droits sur ce bien, en Flandre et en Wallonie, et 37.750 € à Bruxelles. Si vous divisez cette donation en tranches de 100.000 € que vous donnez séparément tous les trois ans, vous payerez 5.625 € tous les trois ans, en Flandre et en Wallonie, et 5.500 € à Bruxelles. Sur l'ensemble de la donation, vous vous acquitterez au total de 16.875 € en Flandre et en Wallonie, et de 16.500 € à Bruxelles.

❂ Deuxième cas La donation d'un terrain à bâtir

En Flandre, vous pouvez profiter de taux réduits lorsque vous faites don d'un terrain à bâtir. Le taux réduit qui s'applique à des donations en ligne directe – entre (grands-)parents et (petits-) enfants – et entre conjoints se traduit par une réduction de 2 % par rapport au tarif ordinaire, sur les tranches jusqu'à 150.000 €. En dehors de ces catégories de personnes, le taux applicable à cette tranche s'élève à 10 %. En outre, ce régime vaut uniquement pour des terrains à bâtir situés en Région flamande. Les taux en vigueur sont repris dans le tableau ci-dessous.

FLANDRE : TAUX RÉDUIT POUR LA DONATION D'UN TERRAIN À BÂTIR

de	à	taux
0,01 €	12.500 €	1 %
12.500 €	25.000 €	2 %
25.000 €	50.000 €	3 %
50.000 €	100.000 €	5 %
100.000 €	150.000 €	8 %
150.000 €	200.000 €	14 %
200.000 €	250.000 €	18 %
250.000 €	500.000 €	24 %
au-delà de 500.000 €		30 %

EXEMPLE

En Flandre, quiconque fait don d'un terrain à bâtir d'une valeur de 150.000 € devra s'acquitter de 7.625 €. Si la donation concerne par exemple un studio de la même valeur, le montant des droits de donation passe à 10.625 €. Dans ce cas, en effet, les taux réduits ne sont pas d'application.

Troisième cas
La donation d'un logement familial

À l'instar de la Région flamande avec son régime de donation pour les terrains à bâtir, la Région de Bruxelles-Capitale et la Région wallonne ont introduit un régime à part pour la donation du logement familial. Dans ces deux dernières régions aussi, le taux réduit s'applique uniquement à des donations en ligne directe – entre (grands-)parents et (petits-)enfants – et entre époux, et à des habitations situées respectivement à Bruxelles ou en Wallonie.

À Bruxelles, ce régime préférentiel va de pair avec la condition suivante : le donataire doit avoir établi sa résidence principale dans le logement familial dans les deux ans de la donation.

En Wallonie, le donateur doit avoir vécu au moins cinq ans dans l'habitation et le donataire ne doit pas jouir de la propriété d'un autre bien immobilier au moment de la donation.

BRUXELLES : TAUX RÉDUIT POUR LA DONATION D'UN LOGEMENT FAMILIAL

de	à ... inclus	taux
0,01 €	50.000 €	2 %
50.000 €	100.000 €	5,3 %
100.000 €	175.000 €	6 %
175.000 €	250.000 €	12 %
250.000 €	500.000 €	24 %
au-delà de 500.000 €		30 %

EXEMPLE

A Bruxelles, quiconque souhaite transmettre son habitation d'une valeur de 300.000 € à son enfant devra verser 29.150 € en droits de donation. Par comparaison, une personne qui souhaite faire don de sa résidence secondaire (300.000 €) à son enfant devra payer 37.750 € à Bruxelles.

WALLONIE : TAUX RÉDUIT POUR LA DONATION D'UN LOGEMENT FAMILIAL

de	à ... inclus	taux
0,01 €	25.000 €	1 %
25.000 €	50.000 €	2 %
50.000 €	175.000 €	5 %
175.000 €	250.000 €	12 %
250.000 €	500.000 €	24 %
au-delà de 500.000 €		30 %

EXEMPLE

En Wallonie, quiconque souhaite transmettre son habitation d'une valeur de 300.000 € à son enfant devra verser 28.000 € en droits de donation. Pour une résidence secondaire de la même valeur, il faut compter 38.625 € en Wallonie.

14.

LE FISC ET VOTRE SUCCESSION : FAIRE UNE DONATION TOUT EN GARDANT LE CONTRÔLE ET UN REVENU

Certes, la donation est avantageuse sur le plan fiscal, dans la mesure où vous pouvez léguer vos biens tout en échappant aux droits de succession, mais, dans le même temps, vous les perdez évidemment après la donation. Et c'est là l'un des problèmes de cette aliénation. Après tout, donner, c'est donner ! Cette idée reste une pierre d'achoppement pour beaucoup de personnes, qui craignent de se retrouver démunies lors de leurs vieux jours, si elles remettent tout leur patrimoine à la prochaine génération au moyen d'une donation.

Pourtant, il existe aussi des techniques pour transmettre un patrimoine tout en gardant le contrôle dessus, ainsi que les revenus qui en découlent.

Premier cas
La donation avec réserve d'usufruit

Un donateur qui souhaite continuer à contrôler ses biens peut opter pour une donation avec réserve d'usufruit. Ce type de donation permet au donateur de conserver la jouissance des biens donnés et le contrôle total sur ceux-ci, alors qu'ils ne sont plus soumis aux droits de succession au moment du décès. Dans ce cas précis, le donateur accorde au donataire la nue-propriété des biens, tandis qu'il en garde l'usufruit.

Il peut ainsi continuer à percevoir les revenus locatifs d'un bien immobilier ou les dividendes d'actions. En ce qui concerne les actions, le donateur conserve en plus le droit de vote rattaché à celles-ci, ce qui lui permet de continuer à exercer un contrôle au sein de l'entreprise familiale.

Tant que le donateur est en vie, il conserve en substance tous les avantages liés à son patrimoine. S'il décède, l'usufruit s'éteint et le donataire reçoit la pleine propriété des biens sans qu'ils ne soient soumis aux droits de succession.

Deuxième cas
La donation avec charge

Outre la donation avec réserve d'usufruit, la donation avec charge peut également constituer une solution pour quiconque souhaite continuer à s'assurer un revenu après l'aliénation. Dans ce cas-ci, il est par exemple stipulé que le donataire doit mettre un certain montant mensuel ou annuel à la disposition du donateur ou qu'il doit subvenir aux besoins de ce dernier et, le cas échéant, payer les frais de placement en institution de soins.

Au contraire de la donation avec réserve d'usufruit, la donation avec charge permet au donataire de disposer des biens donnés totalement et immédiatement au moment de l'aliénation.

Troisième cas
La société civile

Autre forme de planification successorale qui rencontre un succès croissant : la création d'une fondation ou d'une société civile. La fiscalité belge offre de nombreuses perspectives dans ce domaine-là. Outre l'absence de taxation sur les plus-values d'actions, cet outil de stratégie successorale est l'une des principales raisons pour lesquelles tant de Français et de Néerlandais fortunés élisent domicile chez nous.

Il fait même désormais partie des habitudes de nos têtes couronnées, comme en témoigne la polémique qu'a suscitée la création de la fondation Péreos par la reine Fabiola.

Un compatriote tant soit peu privilégié va lui aussi recourir à de telles structures pour mettre sa fortune à l'abri du fisc. Pour autant, il est faux de dire que la société civile ou association de fait, la fondation et le trust ne sont réservés qu'aux plus nantis d'entre nous. Ces entités peuvent en effet se révéler intéressantes au niveau fiscal pour Monsieur et Madame Tout-le-Monde.

Au merveilleux pays de la planification successorale, la société civile est devenue très populaire en peu de temps. Rien d'étonnant à cela, puisqu'il s'agit d'un montage simple, discret et abordable, qui plus est accessible à tous. La société civile n'est rien d'autre qu'une simple association entre deux ou plusieurs personnes (les «associés») qui mettent quelque chose en commun, dans le but de procurer un avantage patrimonial aux associés. Aussi peut-on considérer cette structure comme une forme de copropriété réglementée.

La création d'une telle société requiert peu de formalités, dans la mesure où même un simple contrat entre vous et les personnes avec lesquelles vous souhaitez vous associer suffit. En outre, elle n'exige aucun capital minimum ni attestation bancaire ou plan financier, et les statuts ne doivent pas forcément être publiés au Moniteur belge, ce qui offre la discrétion nécessaire recherchée. Et ce n'est pas tout : les coûts de fonctionnement de la société civile sont particulièrement attractifs. Ils sont en effet très bas du fait que les associés ne sont pas obligés de tenir une comptabilité et, partant, de déposer les comptes annuels.

Enfin, il convient de noter que le fisc considère la société civile comme transparente sur le plan fiscal. Cela implique que certains membres de l'association de fait peuvent continuer à bénéficier des revenus issus du patrimoine apporté à la société et que celle-ci n'est pas soumise à l'impôt des sociétés.

L'association de fait est très intéressante en matière de planification successorale, en ce qu'elle vous permet à la fois de léguer vos biens à la génération suivante sans aucun droit de succession et de garder une certaine forme de contrôle sur le patrimoine. En confiant vos biens à une société civile, vous faites en sorte qu'il n'en reste plus aucun dans votre succession au moment de votre décès. Aucune taxation n'est dès lors possible du côté des droits de succession et vous épargnez ainsi à vos héritiers la lourde charge de l'héritage.

EXEMPLE

Afin d'illustrer le fonctionnement d'une société civile, prenons l'exemple de parents qui souhaitent léguer à moindres frais leur portefeuille de titres à leurs deux enfants majeurs, tout en continuant à exercer le contrôle total sur ce portefeuille et à en toucher les revenus.

En vue d'atteindre cet objectif, les parents s'associent avec leurs deux enfants pour créer une société civile à laquelle ils apportent leur portefeuille de titres, et les enfants une modeste somme d'argent. Les parents et leurs enfants deviennent donc des associés au sein de la société et, en échange de leur apport, reçoivent chacun des parts. Les parents peuvent ensuite transmettre 99 % de ces parts à leurs enfants en passant soit par un don manuel, soit par une donation enregistrée, assortie du paiement de 3 % de droits de donation.

Ce genre de stratégie permet à vos descendants de jouir de la propriété de la société civile. Dans le même temps, vous conservez 1 % des parts. Ajoutez à cela une rédaction adéquate des statuts et vous devenez inamovible. Sans oublier qu'en tant que gérant statutaire, vous gardez le contrôle et le pouvoir décisionnel sur le patrimoine et continuez à bénéficier des revenus qu'il génère. Ainsi, vous conservez la gestion des biens donnés en votre qualité de gérant de la société et, lorsque vous partirez, vos enfants ne seront pas tenus de verser des droits de succession (excepté sur le seul pour cent de parts de la société).

Quatrième cas
La fondation privée

La fondation privée constitue une autre forme de planification successorale. Cette méthode n'est toutefois réservée qu'à de grandes fortunes et vise en fait à préserver le patrimoine familial et son unité d'une génération à la suivante.

Dans le cadre d'une fondation privée, le fondateur place son patrimoine au sein d'une structure et détermine ensuite dans quel but l'apport doit être utilisé. Cet objectif peut en principe être fixé librement et peut notamment viser à préserver le caractère familial d'une entreprise, à empêcher la dispersion d'une collection d'art, ou encore à assurer l'entretien d'un enfant atteint d'un handicap mental.

À l'inverse de la création d'une société civile, celle d'une fondation privée n'est pas aussi simple ni dépourvue de formalités. En effet, elle ne peut avoir lieu que par un acte authentique. En d'autres termes, vous devez obligatoirement faire notifier l'acte constitutif devant un notaire. Les statuts d'une fondation privée doivent comprendre certaines mentions et être publiés au Moniteur belge, au contraire de la société civile où les statuts jouissent d'une grande liberté contractuelle et de discrétion. De plus, la fondation privée requiert la tenue d'une comptabilité et le dépôt des comptes annuels.

Lors de la constitution d'une telle fondation, le fondateur se voit délivrer des certificats en échange de son apport. Le porteur de ces certificats et la fondation peuvent alors établir un contrat qui stipule entre autres que la fondation doit mettre les éventuels revenus du patrimoine à la disposition du titulaire des certificats. Les certificats peuvent ensuite être transmis sous réserve d'usufruit aux héritiers du détenteur des certificats. En procédant à une donation avec réserve d'usufruit, le fondateur conserve le droit de toucher les éventuels revenus de la fondation.

Enfin, il est souvent souhaitable que le créateur de la fondation reste maître de la gestion des biens apportés. Et cela est possible.

La gestion d'une fondation privée doit en effet être confiée à un conseil d'administration composé d'au moins trois membres. C'est au fondateur de prévoir, dans les statuts, qu'il fera partie de cet organe, aux côtés des personnes de confiance qu'il aura désignées à ce poste. Il est par ailleurs recommandé de décider statutairement que ces personnes de confiance reprendront l'administration de la fondation après le décès du fondateur, afin de poursuivre la gestion du patrimoine selon les souhaits du défunt. Ce procédé permet d'empêcher toute contestation entre les héritiers qui ont reçu les certificats, conflit qui pourrait conduire au partage de la succession. Les héritiers n'auraient droit qu'aux éventuels revenus du patrimoine et aux versements de capital, si le conseil d'administration décidait de procéder à une réduction de capital ou à la liquidation de la fondation.

Comme indiqué précédemment, la fondation présente une structure beaucoup plus complexe que celle de la société. Aussi est-elle réservée uniquement à de grandes fortunes qui exigent une gestion sur plusieurs générations.

15.

HÉRITAGE : LES RÉGIMES FISCAUX PRÉFÉRENTIELS

Bien que la donation permette tout à fait d'éviter des droits de succession, cette forme de planification fiscale est loin d'être envisageable pour tous. En effet, certaines personnes ne veulent pas entendre parler de succession de leur vivant, tandis que d'autres éprouvent des difficultés à se séparer – tant qu'elles sont en vie – du patrimoine qu'elles ont acquis à grand-peine. Il s'agit d'une réaction certes humaine dans une certaine mesure, mais très irrationnelle d'un point de vue fiscal. Ces autruches de la fiscalité doivent bien se rendre compte qu'en agissant de la sorte, elles imposent à leurs descendants un legs fiscal encombrant.

En tout cas, quiconque n'entend pas recourir à une donation peut toujours se tourner vers un testament, un contrat de mariage ou une assurance-vie, entre autres techniques de planification, histoire que l'amère pilule fiscale passe un peu mieux du côté des héritiers.

Astuce n° 1 La taxation séparée

En matière de régimes fiscaux préférentiels applicables aux droits de succession, la taxation séparée qui a cours en Flandre constitue sans nul doute l'une des premières mesures qui s'imposent à l'esprit. En Flandre, le principe de la taxation séparée consiste à calculer les taux séparément sur le patrimoine mobilier et sur le patrimoine immobilier, afin de déterminer les droits de succession dus sur un héritage en ligne directe (grands-parents, parents, enfants, petits-enfants, etc.) et entre époux ou cohabitants. À Bruxelles et en Wallonie, cette distinction n'existe pas : les biens mobiliers et immobiliers sont regroupés et soumis conjointement aux taux des droits de succession. Le choix de votre lieu de résidence importe donc beaucoup sur le plan fiscal, car il peut faire une grande différence pour vos héritiers en termes d'imposition.

EXEMPLE

Un père décède et laisse derrière lui une fille de 30 ans. Elle hérite de biens mobiliers et immobiliers respectivement d'une valeur de 150.000 € et 450.000 €.

DROITS DE SUCCESSION EN FLANDRE

En Flandre, on opère une distinction entre les biens mobiliers et immobiliers, qui sont soumis séparément aux droits de succession :

Patrimoine mobilier	Tranches / €	En ligne directe, entre époux ou cohabitants	Patrimoine immobilier
1.500	0 – 50.000	3 %	1.500
9.000	50.000 – 250.000	9 %	18.000
	au-delà de 250.000	27 %	54.000

La fille doit donc s'acquitter de droits de succession à hauteur de 10.500 € sur la partie mobilière et de 73.500 € sur la partie immobilière, soit 84.000 € au total.

DROITS DE SUCCESSION À BRUXELLES

À Bruxelles, on ne fait aucune distinction entre les parties mobilière et immobilière du patrimoine :

Tranches / €	En ligne directe, entre époux ou cohabitants	Patrimoine mobilier et immobilier
0 – 50.000	3 %	1.500
50.000 – 100.000	8 %	4.000
100.000 – 175.000	9 %	6.750
175.000 – 250.000	18 %	13.500
250.000 – 500.000	24 %	60.000
au-delà de 500.000	30 %	30.000

Dans ce cas, l'héritière doit payer 115.750 € de droits de succession, soit bien plus qu'en Flandre.

DROITS DE SUCCESSION EN WALLONIE

La Wallonie ne prévoit pas non plus de taxation séparée en ce qui concerne le calcul des droits de succession :

Tranches / €	En ligne directe, entre époux ou cohabitants	Patrimoine mobilier et immobilier
0,01 – 12.500	3 %	375
12.500 – 25.000	4 %	500
25.000 – 50.000	5 %	1.250
50.000 – 100.000	7 %	3.500
100.000 – 150.000	10 %	5.000
150.000 – 200.000	14 %	7.000
200.000 – 250.000	18 %	9.000
250.000 – 500.000	24 %	60.000
au-delà de 500.000	30 %	30.000

La fille devra verser 116.625 € de droits de succession en Wallonie.

✪ Astuce n° 2 L'exonération du logement familial

Autre avantage lié aux droits de succession en Flandre : le logement familial est exonéré de droits de succession pour le conjoint ou le cohabitant survivant. Cette exemption s'applique uniquement au logement familial – la résidence principale que votre partenaire et vous occupiez ensemble au moment du décès – et ne vaut donc pas pour une éventuelle résidence secondaire. Elle s'adresse aux personnes mariées, aux cohabitants légaux et même aux cohabitants de fait. Dans ce dernier cas, toutefois, les partenaires doivent avoir mené une vie commune pendant au moins trois ans avant le décès.

Depuis le début de l'année 2014, la Région de Bruxelles-Capitale a également introduit ce régime d'exonération pour les époux et les cohabitants légaux. La Région wallonne lui a emboîté le pas au cours de l'année 2014 : à la suite d'un accord politique du Gouvernement wallon, le logement familial est exempté de droits de succession, si ce n'est que l'exonération est plafonnée à 160.000 €.

✪ Astuce n° 3 L'achat scindé

La technique de l'achat scindé permet de préparer sa succession en faisant l'acquisition d'un bien immobilier au nom du futur héritier. Depuis plusieurs années, l'achat scindé d'un bien immobilier est très prisé par les parents d'un âge avancé qui souhaitent investir dans l'immobilier, mais s'efforcent en même temps d'anticiper la lourde charge fiscale que représentent les droits de succession. En associant leurs enfants à l'achat, ces parents leur évitent de verser des droits de succession au moment où ils partent, puisque l'acquisition immobilière ne fera pas partie de leur héritage.

Le principe de l'achat scindé consiste à diviser la pleine propriété d'un immeuble en deux parties, la nue-propriété et l'usufruit. De fait, il arrive souvent que des parents choisissent d'acquérir un bien immobilier au nom de leurs enfants pour des raisons fiscales, mais souhaitent occuper le logement ou, pour le moins, en percevoir les revenus locatifs. Aussi, on recommande d'acheter au nom des enfants non pas la pleine propriété du bien immobilier, mais la nue-propriété uniquement. Les parents doivent quant à eux acheter l'usufruit de l'immeuble.

Il est d'usage que les parents donnent d'abord aux enfants la somme nécessaire à l'acquisition de la nue-propriété. Parents et enfants procèdent ensuite conjointement à l'achat du bien immobilier, les uns acquérant l'usufruit et les autres, la nue-propriété. De cette manière, les parents transmettent déjà une partie de leur patrimoine aux enfants, tout en s'assurant la sécurité nécessaire grâce à l'usufruit. Ce droit d'usufruit leur permet en effet d'occuper l'immeuble à vie ou de percevoir les loyers en cas de location. Ce n'est qu'à la mort du parent survivant que l'usufruit s'éteint automatiquement. À ce moment-là, les enfants jouissent de la pleine propriété du bien sans devoir de droits de succession.

À une époque récente, cependant, la technique de l'achat scindé a reçu une volée de bois vert dans le contexte de la mesure anti-abus, traitée dans l'introduction de ce livre. Résultat : des enfants peuvent désormais hériter d'un bien immobilier exempté d'impôt, à condition de pouvoir prouver qu'ils ont pu disposer, au moment de l'achat, de suffisamment de moyens propres pour en acquérir la nue-propriété. Pendant plusieurs dizaines d'années, pourtant, le fisc a accepté sans sourciller que le don d'argent préalable fait par des parents à leurs enfants constitue la preuve que ces derniers disposaient de moyens propres en suffisance pour supporter le coût de la nue-propriété. Aussi le fisc ne prélevait-il aucun droit de succession sur le bien immobilier, au décès des parents. En 2013, toutefois, il a fait savoir qu'il entendait en finir avec ce régime préférentiel. Cette décision a donné lieu à une saga politico-juridique à laquelle la circulaire du 18 juillet 2013 a mis un terme définitif et clair.

Initialement, dans une circulaire du 19 avril 2013, le fisc avait estimé que la donation préalable de l'argent en vue de l'achat de la nue-propriété ne serait plus jamais acceptée comme la preuve que les enfants disposaient des moyens propres suffisants pour acquérir la nue-propriété. Cette première circulaire a suscité de vives protestations dans la sphère fiscale. Le ministre des Finances Koen Geens a alors reconnu ce problème et déclaré qu'il demanderait à son administration de réexaminer la question et, le cas échéant, de revoir sa décision. Quelques mois plus tard, l'administration fiscale rendait son avis une fois pour toutes. Dans une nouvelle circulaire du 18 juillet 2013, elle maintenait qu'une donation préalable ne constituerait désormais plus une preuve suffisante des moyens propres, tout en prévoyant cependant une exception, si cette donation préalable était assujettie aux droits de donation. Ce nouveau régime est entré en application le 1er septembre 2013.

✪ Astuce n° 4 Hériter d'une entreprise familiale ou d'actions d'une société familiale

Toutes les régions prévoient des régimes fiscaux préférentiels pour la transmission d'une entreprise familiale ou d'actions d'une société familiale. Ces régimes se rapportent aux régimes préférentiels introduits dans le domaine des droits de donation et traités précédemment dans cet ouvrage.

En Région flamande, la transmission d'une entreprise familiale ou d'actions d'une société familiale ne bénéficie non plus d'une exonération, mais d'un taux fixe réduit, depuis 2012. Si la succession concerne des héritiers en ligne directe (grands-parents, parents, enfants, petits-enfants, etc.), des époux ou des cohabitants, le tarif successoral est fixé à 3 %, et ce, quelle que soit la valeur de l'entreprise ou des actions. En dehors de ces catégories d'héritiers, le taux s'élève à 7 %. Afin de pouvoir profiter de ces taux, les légataires doivent remplir les mêmes conditions que celles applicables à la donation et abordées plus tôt dans ce livre.

La Région de Bruxelles-Capitale n'accorde pas d'exonération totale non plus pour ce qui est de l'héritage d'une entreprise familiale ou d'actions d'une société familiale. Elle applique un taux fixe de 3 % de façon générale, qui ne dépend donc pas du lien de parenté ou du degré d'alliance entre le défunt et l'héritier. La qualification d'«entreprise familiale» est similaire à tout ce que nous avons déjà pu voir dans la partie consacrée à la donation.

De son côté, la Région wallonne accorde encore une exonération totale quant aux droits de succession relatifs à l'héritage d'une entreprise familiale ou d'actions d'une société familiale. En outre, elle applique à cet égard les mêmes conditions que celles qui valent pour la donation.

16.

HÉRITAGE : RÉDUIRE SES IMPÔTS AU MOYEN DU CONTRAT DE MARIAGE

Un contrat de mariage peut faire baisser l'impôt successoral considérablement, ce que beaucoup ont tendance à perdre de vue. Pourtant, il suffit simplement d'opter pour le bon régime à cet effet.

Quiconque est marié sous un régime de séparation de biens devra tenir compte du fait qu'en cas de décès de l'un des époux, le conjoint survivant devra payer des droits de succession sur la totalité du patrimoine ayant appartenu au défunt.

Sous un régime de communauté de biens, seule la moitié du patrimoine commun se retrouve dans la succession du prémourant. À lui seul, ce détail peut faire une différence de taille en ce qui concerne les droits de succession.

C'est pourquoi il convient d'adapter un contrat de mariage à intervalles réguliers, en fonction des phases successives de la vie. Si un régime de séparation de biens peut présenter un intérêt pour un jeune ménage cherchant à protéger son patrimoine d'une faillite qui frapperait un conjoint indépendant, il est souvent plus judicieux de passer à une communauté de biens ultérieurement, car ce régime procure des avantages en termes de planification successorale. Une telle transition est tout à fait possible, du reste : votre partenaire et vous pouvez décider à quel moment passer d'un régime à l'autre.

✪ Astuce n° 1
Apportez vos propres biens dans la communauté

La principale technique de planification successorale consiste à apporter son patrimoine personnel dans la communauté. Si vous êtes marié sous un régime de séparation de biens, vous devez d'abord faire modifier votre régime matrimonial à cet effet. Chacun des époux pourra alors apporter son propre patrimoine dans la communauté matrimoniale. Cet apport peut concerner des possessions mobilières comme immobilières et son coût fiscal est limité à 50 € dans les deux cas. Après l'apport, le patrimoine de chaque partenaire appartient désormais à la communauté matrimoniale, ce qui implique qu'au décès de l'un des deux, le survivant devra s'acquitter de droits de succession sur la moitié de la communauté matrimoniale uniquement, et non sur la valeur totale du patrimoine propre au défunt.

EXEMPLE

Un couple sans enfant est marié sous le régime légal. L'homme possède un bien immobilier d'une valeur de 750.000 €, reçu en héritage. Le couple possède conjointement un logement familial d'une valeur de 500.000 € et un compte-épargne avec 100.000 € dessus. L'homme décède et son épouse est sa seule héritière.

En de telles circonstances, la femme héritera de la totalité du patrimoine propre à son conjoint et de la moitié du patrimoine commun, étant entendu que le logement familial est exonéré d'impôt. Elle devra donc 156.000 € de droits de succession (en Flandre).

Si l'époux apporte son propre patrimoine dans la communauté matrimoniale, l'épouse sera tenue de verser des droits de succession uniquement sur la moitié du patrimoine commun (dont l'apport propre à l'homme). Dans ce cas, elle devra «seulement» 54.750 € de droits de succession (en Flandre).

Si vous êtes marié sous un régime de séparation de biens, vous pouvez encore concrétiser l'apport dans la communauté d'une autre façon, notamment en apportant une modification ponctuelle à votre contrat de mariage, qui le fait passer sous un régime de «séparation de biens avec patrimoine commun interne adjoint». Un tel contrat réunit au fond tout le meilleur des deux régimes : vous gardez les avantages de la séparation de biens tout en ayant la possibilité de rendre certains biens communs. Ainsi, vous veillez à ce que l'ensemble des biens mis en commun revienne à votre partenaire lorsque vous décédez, et ce, sans qu'aucun droit de succession ne soit prélevé dessus.

Autre méthode d'optimisation : inclure une «clause de liquidation finale» ou une clause dite «comme si» dans le contrat de séparation de biens. Une telle clause permet à des partenaires mariés sous un régime de séparation de biens d'agir, au décès du prémourant, *comme* s'ils étaient mariés sous un régime de séparation de biens avec une société d'acquêts. En outre, la clause «comme si» permet au conjoint moins favorisé financièrement d'avoir part à l'accroissement de patrimoine du conjoint «plus aisé», dans le cadre d'un régime de séparation de biens.

❂ Astuce n° 2
Supprimez ou faites modifier la clause «au dernier vivant les biens» dans votre contrat de mariage

Bon nombre de couples mariés ont encore dans leur contrat de mariage une clause «au dernier vivant les biens». En vertu de cette clause, si l'un des partenaires décède, sa part dans la communauté matrimoniale revient en pleine propriété et dans sa totalité au conjoint survivant. Ce dernier jouit d'une protection optimale et acquiert la propriété exclusive du patrimoine commun, sans que les enfants puissent y prétendre. Certes, une telle clause peut être indiquée dans certains cas, mais la plupart du temps, lorsque parents et enfants s'entendent bien, elle représente une véritable catastrophe fiscale.

EXEMPLE

Au sein d'un couple marié, l'homme décède. Il laisse derrière lui une épouse de 57 ans et deux enfants. Marié sous un régime de communauté universelle de biens, le couple possède une habitation propre (d'une valeur de 300.000 €), un bien d'investissement (d'une valeur de 500.000 €) et un portefeuille de 600.000 €. En vertu de la clause «au dernier vivant les biens» reprise dans le contrat de mariage, la part totale du défunt dans la communauté matrimoniale revient à l'épouse. Les enfants n'héritent de rien à ce stade. L'épouse devra, en l'espèce, 52.500 € de droits de succession (en Flandre).

En l'absence de cette clause, elle hérite de l'usufruit sur la part de son époux dans la communauté matrimoniale, et les enfants de la nue-propriété. Dans ce cas, l'épouse et chaque enfant devront payer respectivement 15.780 € et 9.120 € en droits de succession, soit un total de 34.020 € (en Flandre).

Il existe d'autres mécanismes qui permettent au conjoint survivant de continuer à jouir d'une protection juridique, tout en évitant d'en payer le prix fort sur le plan fiscal. Il suffit simplement de transformer la clause «au dernier vivant les biens» en clause optionnelle. Cette dernière offre au conjoint survivant le choix entre deux options : acquérir dans sa totalité la part du défunt dans le patrimoine commun ou bien en conserver l'usufruit uniquement et en laisser la nue-propriété aux enfants.

Astuce n°3 La donation mutuelle de patrimoine propre

Les couples mariés sous un régime de séparation de biens peuvent pratiquer la planification fiscale en procédant à une donation mutuelle de leur propre patrimoine, assortie d'une clause de retour conventionnel, au cas où l'un des deux viendrait à décéder. Cette opération peut être réalisée au moyen d'une donation enregistrée ou d'un don manuel. Avantage d'une telle astuce : les biens donnés sortent du champ d'application des droits de succession. En outre, les deux partenaires courent moins de risques en cas de divorce, par exemple, puisque les donations entre époux restent révocables, à condition que les donations réciproques aient eu lieu en dehors du contrat de mariage. Par conséquent, si la relation venait à se dégrader, voire se soldait par un divorce, les donations mutuelles pourraient être annulées.

EXEMPLE

Un couple est marié sous le régime de la séparation de biens. Les deux partenaires décident de se faire don mutuellement de leur patrimoine mobilier en assortissant cette donation d'une clause de retour. L'époux donne son patrimoine mobilier d'une valeur de 500.000 € à son épouse, qui lui donne à son tour le sien, d'une valeur de 150.000 €. Les deux donations sont enregistrées, donnant lieu au paiement de 3 % de droits de donation. La femme décède deux ans plus tard. À ce moment-là intervient la clause de retour et le patrimoine mobilier donné est retourné au survivant. L'homme récupérera donc le patrimoine donné, exempté de droits de succession.

En principe, cette technique n'est pas réservée aux seuls couples mariés sous le régime de la séparation de biens. Les couples mariés sous le régime de la communauté de biens peuvent également y faire appel et, le cas échéant, d'abord sortir les biens de la communauté et les inclure dans le patrimoine propre de l'un des deux partenaires. La donation mutuelle pourra ensuite avoir lieu. Cette dernière technique qui consiste à sortir les biens de la communauté dans un premier temps, puis à en faire don par le biais d'une donation mutuelle assortie d'une clause de retour fait toutefois l'objet de vives critiques. Dans la circulaire du 10 avril 2013 relative à l'application de la mesure anti-abus, le fisc estime que cette forme de planification fiscale doit être considérée comme une pratique abusive. Cela ne signifie pas que l'on n'a plus le droit de recourir à cette technique, mais que l'on doit pouvoir démontrer au fisc que la structure mise en place n'a pas été motivée par des raisons fiscales uniquement. Le montage pourrait ainsi être justifié par le fait que l'on souhaite pour le moment tenir les enfants à l'écart de l'héritage.

Astuce n° 4 La clause de la maison mortuaire

La clause de la maison mortuaire est une stipulation dans le contrat de mariage en vertu de laquelle l'ensemble du patrimoine commun est attribué à l'un des partenaires, quelle que soit la cause de la dissolution du mariage. Elle est en fait une variante de la clause «au dernier vivant les biens» ou de la clause optionnelle. Ces deux dernières ont également pour conséquence que la part du prémourant dans le patrimoine commun revient au survivant au moment du décès, d'où leur similitude avec la première. Toutefois, la clause de la maison mortuaire a ceci de plus avantageux qu'elle n'entraîne aucun droit de succession sur la part du défunt.

Une exonération fiscale qui relève d'une question de terminologie juridique. Notre législation prévoit en effet que, lorsqu'un conjoint reçoit la part de l'autre dans la communauté matrimoniale «à la suite du décès», cet acte est assimilé à une acquisition par voie testamentaire. Des droits de succession seront dès lors dus sur cette acquisition.

Par l'effet de la clause de la maison mortuaire, un époux reçoit la part de l'autre dans la communauté matrimoniale non pas «à la suite du décès», mais «à la suite de la dissolution du mariage». Ces formules ont l'air similaires de prime abord, pourtant il existe un monde de différence entre les deux en termes juridiques et fiscaux. C'est justement en raison du partage de la communauté matrimoniale à la suite non pas d'un décès, mais de la dissolution d'un mariage que l'absence d'imposition est communément admise, un état de fait confirmé par la Cour de cassation.

La prudence reste toutefois de mise face à cette clause, car la dissolution d'un mariage peut aussi être synonyme de divorce. Aussi, vous ne pouvez pas l'inclure à la légère dans votre contrat de mariage, sans quoi vous pourriez bien vous retrouver piégé en cas de divorce. C'est pourquoi, dans la pratique, cette clause s'applique uniquement lorsque l'un des deux époux se trouve au stade terminal d'une maladie et que le couple prend dès lors les dispositions fiscales qui s'imposent pour faire modifier leur contrat de mariage.

EXEMPLE

Au sein d'un couple marié, l'homme décède. À sa mort, il laisse derrière lui une épouse de 57 ans et deux enfants. Marié sous un régime de communauté universelle de biens, le couple possède une habitation propre (d'une valeur de 300.000 €), un bien d'investissement (d'une valeur de 500.000 €) et un portefeuille de 600.000 €. En vertu de la clause de la maison mortuaire reprise dans le contrat de mariage, l'épouse reçoit la totalité de la part du défunt dans la communauté matrimoniale. Les enfants n'héritent de rien à ce stade. L'épouse ne devra en l'espèce aucun droit de succession (en Flandre).

Depuis toujours, le fisc écume de rage face à la clause de la maison mortuaire, un procédé qu'il s'ingénie du reste à abolir. Dans la circulaire du 10 avril 2013 relative à l'application de la mesure anti-abus, il considère cette forme de planification successorale comme un abus fiscal. Dans la pratique, on entend d'ailleurs souvent que cette technique ne serait plus autorisée. S'il ne s'agit là que d'une rumeur, vous n'en devrez pas moins vous justifier auprès du fisc en expliquant pourquoi vous avez fait appel à cette clause (autrement que pour éviter l'impôt, donc). Et ici aussi, vous pouvez invoquer le motif selon lequel vous souhaitez pour le moment écarter les enfants de la succession de cette manière. Par l'effet de la clause de la maison mortuaire, le conjoint survivant acquiert la pleine propriété de la part totale du défunt dans la communauté et les enfants n'héritent de rien.

Astuce n° 5
Et quid de la cohabitation ?

Le droit successoral relatif aux cohabitants n'est pas aussi réglementé que celui qui s'applique aux époux. Si des cohabitants légaux héritent automatiquement l'un de l'autre, le droit successoral qui les concerne reste très limité. Le cohabitant survivant recueille ainsi l'usufruit (ou le droit au bail) du logement familial, ainsi que des meubles qui le garnissent.

Lorsque des cohabitants légaux souhaitent étendre la succession au-delà de cet usufruit sur le logement familial et les meubles qui le garnissent, ils doivent rédiger un testament.

Quant aux simples cohabitants de fait, ils n'héritent pas du tout l'un de l'autre. S'ils souhaitent que le partenaire survivant puisse tout de même hériter, ils doivent établir un testament.

Le fait que le droit successoral applicable aux cohabitants est plutôt restreint ne signifie pas pour autant que ceux-ci ne peuvent recourir à des techniques de planification, afin de transmettre leur patrimoine au partenaire survivant d'une façon qui soit avantageuse sur le plan fiscal.

En ce qui concerne la composition du patrimoine, les cohabitants peuvent être assimilés dans les grandes lignes à des époux sous le régime de la séparation de biens : seuls deux patrimoines entrent en ligne de compte, à savoir celui de chaque partenaire.

Les cohabitants ne peuvent pas opter pour un régime de communauté de biens.

Ils peuvent néanmoins décider de placer certains biens sous un régime commun. Ils doivent à cet effet se rendre chez un notaire, afin de rédiger un contrat de cohabitation. L'apport de ce patrimoine dans la communauté peut être assorti de la condition de survie : si l'apporteur survit à son partenaire, cette condition fait en sorte que l'apport lui soit retourné purement et simplement, sans qu'aucun droit de succession ne soit dû sur celui-ci.

À l'instar des couples mariés sous le régime de la séparation de biens, des cohabitants peuvent ajouter une clause de liquidation finale ou une clause «comme si» dans leur contrat de cohabitation. Autre option qui s'offre à eux : conclure une convention d'accroissement. Cette technique d'optimisation connaît un succès croissant auprès des cohabitants, ces dernières années. Au décès du prémourant, elle fait en sorte que les biens désignés reviennent au cohabitant survivant, et ce, en dehors de la succession, sur laquelle aucun droit ne doit de ce fait être payé. Seuls les biens immobiliers peuvent être assujettis à des droits d'enregistrement à hauteur de 10 % ou 12,5 %. Ce système a toutefois pour inconvénient que les deux partenaires doivent être d'accord pour revenir sur une telle convention.

La donation mutuelle assortie d'une clause de retour est également permise entre cohabitants, ce qui en fait donc une technique de planification valable. Le seul problème est que les donations entre cohabitants, contrairement à celles entre époux, ne sont pas révocables, partant cette pratique est moins répandue.

17.

HÉRITAGE : RÉDUIRE SES IMPÔTS PAR LE BIAIS D'UNE ASSURANCE-VIE

L'assurance-vie peut constituer une autre stratégie de planification fiscale. Dans le cadre d'une assurance-vie, le preneur d'assurance et la compagnie d'assurance concluent un contrat en vertu duquel une somme doit être payée à une tierce personne – le bénéficiaire – à la suite du décès de l'assuré. Si l'assuré vient à disparaître, le bénéficiaire se verra verser le capital assuré.

Cette forme d'assurance est celle que revêtent par exemple les assurances-vie ordinaires qui couvrent uniquement le risque de décès, mais aussi les assurances-vie mixtes qui comprennent l'assurance de groupe, l'assurance d'épargne (branche 21) et l'assurance d'investissement (branche 23). Ces dernières confèrent un capital au bénéficiaire, soit au décès de l'assuré avant un certain âge (p. ex. 65 ans), soit une fois que cet âge est atteint.

Les problèmes d'ordre fiscal se posent au moment où l'assuré décède et où la compagnie d'assurance doit verser le capital assuré au bénéficiaire. Bien que ce dernier recueille le capital en vertu d'une clause contractuelle de la police d'assurance (et non dans la succession de l'assuré défunt), il doit tout de même payer des droits de succession. C'est en tout cas ce qui est prévu légalement, dans le Code des droits de succession. Ainsi l'ensemble du capital est-il assujetti aux droits de succession, étant entendu que les couples mariés sous un régime de communauté de biens devront ces impôts sur 50 % du capital uniquement. Ici, le fisc considérera que les primes de l'assurance-vie ont été payées avec l'argent issu du patrimoine commun, si bien que la liquidation de l'assurance sera elle aussi imposable de moitié seulement, dans le cadre des droits de succession.

Il arrive toutefois que cette liquidation soit exonérée de tels droits. C'est le cas pour l'assurance de groupe conclue au nom d'un travailleur. Si celui-ci décède et que le conjoint survivant ou les enfants de moins de 21 ans ont été désignés comme les bénéficiaires dans l'assurance de groupe, aucun droit de succession ne sera dû. En revanche, les assurances de groupe contractées au nom de dirigeants d'entreprise entraînent le paiement de tels droits. Même lorsque la liquidation résulte d'une assurance-vie découlant elle-même d'une obligation légale (p. ex. une assurance contre les accidents du travail), aucun droit de succession n'est prélevé.

Quand bien même la liquidation de l'assurance serait toutefois imposable dans le cadre des droits de succession, il existe une astuce simple grâce à laquelle le montant versé passe totalement au travers de cet impôt. C'est ce qui arrive lorsque le preneur d'assurance est aussi le bénéficiaire du capital en cas de décès d'un tiers assuré.

EXEMPLE

un grand-père souhaite faire un don de 100.000 € à son petit-fils. Après la donation (manuelle ou enregistrée), ce dernier souscrit une assurance-épargne en tant que preneur, dont le grand-père est l'assuré et le petit-fils, le bénéficiaire. Au moment de conclure la police d'assurance, le petit-fils verse la somme qu'il a reçue de son grand-père – la prime – à la compagnie d'assurance. Lorsque le grand-père décède, la liquidation de l'assurance est exonérée de droits de succession. Dans le cas d'un don d'argent de la main à la main, des droits de succession seront tout de même dus, si le grand-père décède dans les trois ans de la donation.

Au cas où le grand-père utiliserait les 100.000 € pour contracter une assurance-épargne dont il serait à la fois le preneur et l'assuré, et son petit-fils l'assuré, des droits de succession seraient toutefois dus s'il décédait avant la date d'échéance de l'assurance et que le bénéficiaire se voyait verser le capital.

Autre option envisageable : le transfert des droits à l'assurance par le biais d'une donation, pendant la durée du contrat. Dans notre exemple, le grand-père pourrait transmettre ses droits en tant que preneur à son petit-fils, qui deviendrait alors le preneur et le bénéficiaire. D'une assurance imposée, on passe ainsi à une assurance exemptée d'impôt. À cet effet, cependant, il convient de recourir à une donation enregistrée en payant les 3 % de droits de donation (donation en ligne directe) et en mentionnant clairement la valeur de rachat dans l'acte. Si toutes ces conditions sont réunies, aucun droit de succession ne devra être payé, à supposer que le grand-père décède avant la date d'expiration de la police et que la compagnie d'assurance verse alors le capital au bénéficiaire.

18.

HÉRITAGE : RÉDUIRE SES IMPÔTS PAR LE BIAIS D'UN TESTAMENT

Astuce n° 1
Le legs en duo et le legs en duo inversé

Le legs en duo est une première façon de planifier sa succession par le biais d'un testament. Il peut procurer un avantage fiscal non négligeable, lorsque l'on cherche à favoriser des héritiers taxés aux taux les plus élevés des droits de succession, tels des neveux et nièces ou des personnes sans lien de parenté, comme un(e) meilleur(e) ami(e). Le principe du legs en duo consiste à désigner une personne morale (le plus souvent une œuvre caritative) comme légataire universel, à charge pour celle-ci d'attribuer un legs particulier (une somme d'argent déterminée, un bien immobilier, une œuvre d'art, etc.) à la personne que l'on souhaite favoriser et de supporter les droits de succession sur ce legs. Cette technique permet de fractionner les droits de succession. Elle vous est plus profitable que si vous léguiez directement aux personnes que vous souhaitez favoriser.

EXEMPLE

Une tante fortunée et sans enfant lègue son patrimoine de 800.000 € à ses trois neveux. En temps normal, c'est-à-dire sans legs en duo, les trois neveux devraient payer 500.000 € de droits de succession sur ce montant. Dans ce cas, les droits de succession sont en effet calculés sur le total des parts d'héritage nettes et non sur chacune des parts prises séparément. Après paiement de ces droits, les neveux héritent donc de 300.000 €, soit 100.000 € chacun.

Si la tante décide de rédiger un testament dans lequel elle prévoit un legs en duo et laisse son patrimoine à une ASBL active contre le cancer, à charge pour celle-ci de léguer 390.000 € à ses trois neveux, la situation change du tout au tout. L'ASBL devra en l'occurrence verser 390.000 € nets à ces trois personnes (legs particulier). Les droits de succession sur ce legs particulier, à charge de l'ASBL, s'élèvent à 233.500 €. En parallèle, l'ASBL doit également régler ses propres droits de succession sur sa part, qui s'élève à 410.000 € (800.000 € – 390.000 €). À l'heure actuelle, les droits de succession applicables à une ASBL s'élèvent à 8,5 % en Flandre, soit 34.850 € en l'espèce. Avec le legs en duo, le total des droits de succession se chiffre donc à 268.350 €, tandis que les trois neveux reçoivent chacun 130.000 € nets. Une fois l'ensemble de ces droits payés, l'ASBL récupère 141.650 € de son côté.

D'aucuns perçoivent souvent comme un inconvénient le fait que la personne morale ou association est mise en possession de la succession dans son ensemble et que la famille perd donc le contrôle dessus. Un legs en duo inversé permet justement d'éviter ce genre de situation. Ici, ce sont les héritiers légaux qui reçoivent la succession et un legs particulier est attribué à une œuvre caritative, à charge pour celle-ci, également, de régler les droits de succession des héritiers. Les héritiers gardent ainsi le contrôle sur l'héritage, qu'ils peuvent liquider et partager. De plus, l'avantage relatif aux droits de succession reste le même que celui que procure un legs en duo classique.

❂ Astuce n° 2 Le testament de grand-père

Le testament de grand-père constitue une technique qui peut servir en tant que telle ou dans le cadre plus vaste d'une planification successorale. Il s'agit d'un testament où le grand-parent (le grand-père ou la grand-mère) désigne ses enfants (les parents) comme légataires universels, ce qui leur confère la pleine propriété (ou la nue-propriété s'il y a un conjoint survivant) de sa succession. Toutefois, les parents ne touchent l'héritage qu'à la seule condition de verser à leur tour, au moment de leur mort, une somme déterminée à leurs propres enfants (les petits-enfants). De cette manière, les petits-enfants héritent directement de leur grand-parent une créance sur leurs parents, qu'ils peuvent recouvrer au moment où ces derniers décèdent.

Le testament de grand-père permet donc de sauter une génération et d'éviter ainsi des doubles droits de succession. Dans des circonstances ordinaires, la succession reviendrait d'abord aux parents (qui doivent régler des droits de succession), puis aux petits-enfants (qui devront à leur tour en payer). Par l'effet du testament de grand-père, les enfants du défunt paient des droits de succession uniquement sur le montant de l'héritage diminué de la valeur de la créance dont héritent les petits-enfants. Quant aux petits-enfants, ils s'acquittent à leur tour de droits de succession uniquement sur la valeur actuelle de cette créance.

EXEMPLE

Un grand-père a un fils et deux petits-enfants. Il possède un patrimoine mobilier d'une valeur de 500.000 €. À défaut de testament, au décès du grand-père, le fils paiera 87.000 € de droits de succession (en Flandre) sur les 500.000 € que vaut ce patrimoine. Il lui restera donc 413€000 . nets. Lorsque le fils décédera à son tour, des droits de succession seront dus une deuxième fois par les deux enfants, qui hériteront chacun de 206.500 €. Ils verseront chacun 15.858 € de droits de succession sur cette part d'héritage. La charge fiscale totale dans cet exemple s'élève donc à 87.000 € + (2 x 15.858 €), soit 118.170 €.

Supposons à présent que le grand-père rédige un testament de grand-père prévoyant que son fils reconnaît une dette de 400.000 € envers les petits-enfants. Au décès du grand-père, le fils devra régler des droits de succession sur les 500.000 € de patrimoine mobilier, diminués d'une dette de 400.000 € vis-à-vis de ses enfants. Sa part d'héritage imposable s'élèvera dès lors à 100.000 €, sur lesquels 6.000 € de droits de succession seront retenus en Flandre. Les petits-enfants paieront eux aussi des droits de succession sur la créance de 400.000 € qu'ils ont vis-à-vis de leur père. Ils devront en l'occurrence s'acquitter de 15.000 € chacun et hériteront d'une créance d'un montant de 200.000 € par personne, qui leur sera versée à la mort de leur père.

Au décès du grand-père, les droits de succession s'élèveront à un total de 36.000 €. Au décès du père, les petits-enfants ne devront plus payer de droits de succession et recouvreront leur créance, soit 200.000 € chacun. Au total, les droits de succession d'un héritage à l'autre s'élèveront seulement à 36.000 €, avec un testament de grand-père.

❂ Astuce n° 3 La technique du «generation skipping»

Comme son nom l'indique, la technique du *generation skipping* permet de sauter une génération, de sorte que la charge fiscale des héritiers s'en trouve sensiblement allégée. En effet, les taux progressifs des droits de succession s'appliquent sur la part d'héritage de chaque légataire. Or, plus il y a d'héritiers désignés, moins ceux-ci ont de chances d'atteindre les tranches supérieures des droits de succession.

Ventiler le patrimoine entre le plus grand nombre d'héritiers possible contribue à limiter la part de chacun, si bien que chaque légataire paie des droits de succession aux taux les plus bas. En effet, le calcul des droits de succession reprend à chaque fois au niveau de la tranche inférieure. Vous pouvez donc très bien répartir la succession par testament sur vos enfants et petits-enfants, par exemple, et recourir ainsi au saut de génération. Dans ce cas, vous sautez une génération en léguant à vos descendants.

EXEMPLE

Un père de famille a deux enfants qui en ont chacun quatre. Son patrimoine s'élève à 800.000 € environ. S'il ne rédige aucun testament, ses deux enfants hériteront chacun de 400.000 €. Dans le cadre des droits de succession applicables en Flandre, chacun d'entre eux devra payer 60.000 € sur sa part d'héritage.

Si le père de famille en question rédige un testament dans lequel il prévoit de sauter la génération de ses enfants et de léguer directement à ses huit petits-enfants, chacun d'entre eux recevra 100.000 €, sur lesquels 6.000 € de droits de succession seront retenus. Cette technique permet donc d'économiser 66.000 € de droits de succession (120.000 € sur l'héritage des deux enfants, contre 54.000 € sur celui des huit petits-enfants).

Le saut de génération présente en outre un double avantage : en plus de fractionner la succession davantage, ce qui diminue les droits de succession, il permet de réaliser des économies indirectes sur les droits de succession. En effet, vu que les petits-enfants héritent directement du patrimoine, les droits de succession ne doivent être réglés qu'une seule fois. Si la succession revenait en premier lieu à leurs parents, ces derniers seraient tenus de payer des droits de succession, après quoi leurs enfants devraient à leur tour s'en acquitter, au moment de recevoir de leurs parents le montant restant de l'héritage du grand-père.

Le saut de génération comporte toutefois un inconvénient : les enfants du père de famille en question ne reçoivent aucun héritage. Or, il peut parfois s'avérer nécessaire que les enfants ne soient pas laissés de côté. L'une des solutions à ce problème consiste à rédiger un testament dans lequel le grand-père lègue à ses enfants l'usufruit de son patrimoine et à ses petits-enfants, la nue-propriété. Ainsi les enfants peuvent-ils jouir de leur vivant des revenus du patrimoine (tels les loyers et les dividendes), même si leurs propres enfants sont déjà propriétaires.

La succession du grand-père étant répartie à la fois entre ses enfants et petits-enfants, ces derniers peuvent à nouveau profiter de la diminution d'impôt directe. Au décès de leurs parents, l'usufruit est automatiquement joint à la nue-propriété. Résultat : les enfants ne paient plus aucun droit de succession et bénéficient réellement de la réduction d'impôt indirecte.

Il faut par ailleurs tenir compte du fait que le grand-parent qui prévoit le saut d'une génération dans son testament touche à la réserve légale de ses enfants. Il s'agit de la part d'héritage à laquelle les enfants ont droit, en vertu du droit successoral. Si le grand-parent lègue à ses petits-enfants davantage que la réserve légale, les parents pourront réclamer leur part. Il est dès lors essentiel que vous vous concertiez avec vos enfants et leur demandiez leur avis au sujet d'un éventuel saut de génération, avant de rédiger un testament de ce genre. Si la bonne entente règne au sein de votre famille et que vos enfants marquent leur accord, vous pouvez léguer à vos petits-enfants en toute tranquillité.

❂ Astuce n° 4 Le legs de residuo

Le principe du legs de residuo consiste à désigner deux héritiers dans un testament. Le premier hérite des biens et peut en disposer librement. À son décès, ce qui reste de la succession revient obligatoirement au second héritier.

Cette technique de planification successorale vous permet surtout de veiller à ce que votre héritage ne tombe pas entre de «mauvaises» mains.

EXEMPLE

Une dame âgée sans enfant a une sœur pour seule famille proche. Dans son testament, elle lègue l'ensemble de son patrimoine à sa sœur en ajoutant toutefois une clause : ce qui restera de la succession au décès de sa sœur ira à Médecins Sans Frontières. Cette clause permet ainsi d'éviter que la succession ne revienne aux enfants de la sœur, avec lesquels la famille est en conflit.

Le legs de residuo peut aussi présenter un intérêt fiscal dans certains cas. Cet avantage tient au fait que le second légataire doit lui aussi payer des droits de succession, mais sur la base du taux qui s'appliquerait s'il avait lui-même hérité du testateur directement.

EXEMPLE

Un père lègue son portefeuille d'investissement d'une valeur de 100.000 € à son fils Jean, en stipulant dans son testament que ce portefeuille devra, au décès de Jean, revenir au frère de ce dernier, Frank. Lorsque Jean décède trois ans après son père, le portefeuille vaut 120.000 €. Jean n'ayant pas d'enfant, Frank est son seul héritier.

En Flandre, Jean devra s'acquitter de 6.000 € sur l'héritage de son père. À défaut de testament avec legs de residuo, Frank devra régler 47.250 € de droits de succession sur le portefeuille d'investissement. Ce montant résulte du fait que les droits de succession sont déterminés, en l'espèce, sur la base du taux applicable entre frères. Avec un legs de residuo, en revanche, Frank devra payer des droits de succession sur le portefeuille d'investissement, suivant le taux applicable entre parents et enfants. Dans ce cas, les droits de succession s'élèvent à 7.800 € seulement.

EPILOGUE

Par cet ouvrage, j'ai voulu attirer l'attention du lecteur sur les possibilités qu'offre la fiscalité belge de faire des économies d'impôts, souvent de façon simple d'ailleurs. Vous n'en devez pas moins garder à l'esprit que ce livre ne fournit qu'un instantané de la fiscalité à un moment donné, laquelle évolue sans cesse. Ce qui est le cas dans notre pays. Vous devez donc en tenir compte, d'autant plus si vous envisagez d'élaborer des plans fiscaux sur le long terme.

Aussi vous inviterais-je à la vigilance, pour ce qui est de vos projets d'avenir. Certes, je n'ai pas de boule de cristal, mais il est évident qu'il se dessine une tendance à la taxation toujours plus lourde du patrimoine et des revenus qu'il génère. Et les exemples qui témoignent de cette tendance ne manquent pas : sous le gouvernement Di Rupo, le précompte mobilier est passé de 15 % à 25 %, l'impôt sur les avantages en nature a augmenté, les incitants en tous genres destinés à des rénovations écologiques ont subi des coupes drastiques, la déduction fiscale pour constitution de pension a été diminuée et la taxe sur les primes relatives aux assurances-épargne a quasiment doublé.

Je crains, hélas, que cette liste ne s'arrête pas là. Quant à l'avenir proche, vous pouvez vous attendre à un nouveau débat politique sur l'imposition du patrimoine et des revenus qui en découlent. À cet égard, je pense notamment à l'introduction d'un précompte mobilier progressif, à l'instauration d'un impôt sur la plus-value d'actions et à la taxation non plus du revenu cadastral, mais des revenus locatifs réels. Les régimes de déduction fiscale liés au patrimoine sont eux aussi voués à disparaître progressivement.

Avec la régionalisation de la fiscalité du logement – conséquence de la sixième réforme de l'État – la classe politique a d'ores et déjà fait savoir que le maintien du régime relatif au bonus logement était intenable d'un point de vue budgétaire. Quant à la réduction de la déduction d'intérêts destinée à des résidences secondaires et des biens d'investissement, elle semble de plus en plus se concrétiser. La planification patrimoniale et successorale connaîtra également des évolutions de son côté. C'est que le fisc est en état d'alerte dans ce domaine-là, prêt à s'attaquer à différentes techniques de planification classiques, tels l'achat scindé et la clause de la maison mortuaire, en jouant de la mesure anti-abus.

Aussi, le message que j'entends faire passer est, en ce qui me concerne, très clair : tirez parti des ficelles de la fiscalité, tant que vous le pouvez encore.

Dans le même temps, j'espère vivement que vous saurez garder votre sens critique face à la fiscalité. N'oubliez pas qu'elle a ses limites et n'est acceptable que si les principes sacrés de l'égalité, de la capacité contributive et de la redistribution sont respectés. Pour l'heure, il apparaît clairement que les entreprises et les particuliers ne sont pas tous sur un pied d'égalité, en ce qui concerne l'accès aux régimes préférentiels de notre système fiscal. Une disparité qui mène indéniablement à une répartition inégale de la charge fiscale.

Aussi est-il légitime de se demander pendant combien de temps encore l'augmentation globale de la pression fiscale et sa répartition inéquitable seront viables. Le philosophe allemand Peter Sloterdijk affirmait déjà à cet égard que la soumission de la classe moyenne aux régimes fiscaux modernes relevait d'un tour de force politique et que le clash fiscal entre le gouvernement et le peuple n'était plus qu'une question de temps. Et je pense qu'il a raison. Je ne peux donc que vous inviter à réfléchir à la question suivante : le moment n'est-il pas venu d'engager une véritable réforme fiscale à grande échelle, afin d'en arriver à une charge fiscale moindre qui profite à tous et non aux seules personnes qui ont la chance d'appartenir au bon lobby ?

Pour terminer, j'aimerais ajouter qu'un livre ne s'écrit pas tout seul : mes remerciements les plus chaleureux et ma reconnaissance vont spécialement à Kim Van Quekelberghe, Maité Forrez, Mehdi Zagheden et Catharina Janssens, pour les échanges de vues, ainsi que leur aide et leurs encouragements. Ils m'ont été d'un précieux soutien pendant l'écriture de ce livre.